AUDITORIA DA QUALIDADE DOS RECURSOS HUMANOS

TEORIA E PRÁTICA

Thadeu do Couto

Com modelo completo
da metodologia de auditoria

AUDITORIA DA QUALIDADE DOS RECURSOS HUMANOS

TEORIA E PRÁTICA

Direção Editorial	Produção Editorial
SAIDUL RAHMAN MAHOMED editor@qualitymark.com.br	EQUIPE QUALITYMARK

Capa	Editoração Eletrônica
MARCELLA REAL	ABREU'S SYSTEM

CIP-BRASIL. CATALOGAÇÃO NA PUBLICAÇÃO
SINDICATO NACIONAL DOS EDITORES DE LIVROS, RJ

C894a

Couto, Thadeu do
Auditoria da qualidade dos recursos humanos : teoria e prática / Thadeu do Couto. – 1. ed. – Rio de Janeiro : Qualitymark Editora, 2022.
176 p. : il. ; 23 cm.

ISBN 978-85-414-0404-4

1. Administração de pessoal. 2. Auditoria. 3. Controle de qualidade – Auditoria I. Título.

21-71653 CDD: 658.3
CDU: 005.95/.96

Leandra Felix da Cruz Candido – Bibliotecária – CRB-7/6135

2022
IMPRESSO NO BRASIL

Qualitymark Editora Ltda.	www.qualitymark.com.br
Rua Carlos Machado, 155 – sl. 207	E-mail: quality@qualitymark.com.br
Polo Cine e Vídeo – Jacarepaguá	Tels.: (21) 3597-9055 / 3597-9056
CEP: 22775-042 – Rio de Janeiro – RJ	Vendas: (21) 3296-7649

Agradecimentos

Ele não sabe, mas foi Ricardo da Silveira Luz, meu Coordenador Acadêmico do Curso de Gestão de Recursos Humanos, quem me sensibilizou sobre o assunto ao me convidar a assumir um desafio: o de lecionar uma nova cadeira incluída no curso Auditoria de Recursos Humanos numa época em que não havia praticamente nenhuma literatura sobre o assunto.

Após conclusão do Mestrado, voltei a pensar no assunto e achei que seria fácil transformar minha dissertação num livro.

Ledo engano. Ao me aprofundar no tema, verifiquei que meu trabalho era incipiente e não ia fundo no assunto, tanto no aspecto teórico, como principalmente na parte prática.

Isso levou a aprofundar-me no tema durante quase três anos de pesquisas, estudos, análises, questionamentos e também contatos com profissionais das áreas de RH e da Qualidade.

Dessa forma, uma obra de natureza pioneira como esta não seria concluída em sua plenitude sem o estímulo e a contribuição de alunos, professores e especialistas, bem como com a colaboração contínua e paciente de meu filho Marcos Thadeu, que foi meu *help desk* em todos os momentos.

Assim, torna-se imperioso agradecer textualmente a colaboração, orientação, crítica e sugestões do prof. Dr. Ricardo da Silveira Luz, prof. Dr. José Luiz Matias, prof. Ms Grimalde Máximo Barbosa Filho, prof. Marco Aurélio C. Coelho, prof. Eurico Machon, além da contribuição internacional da profª. Drª. Maria da Gloria Romero & Romero (Faculdad de Ciencias del Trabajo da Universidad de Sevilha - Espanha), prof. Peña Nevado (Universidad de Castilla la Mancha - Espanha), prof. J. D. Garcia Salgado (Instituto Tecnologico de Celaya

- México), prof. Edgar Zambrano (Universidad de los Andes - Mérida -Venezuela) e a bibliotecária Ms. Maria do Céu Nogueira Dias Vieira (Universidade de Aveiro - ISCA - Portugal).

Apresentação

Há muitos anos, os profissionais de RH ressentem-se da falta de literatura referente ao tema Auditoria, técnica muito questionada e discutida, mas raramente praticada nas empresas.

O presente livro, por meio de seu conteúdo teórico e prático, vem cobrir essa lacuna, oferecendo oportunidade de estudo e discussões entre alunos, professores e profissionais de ciências sociais (RH, psicologia, assistência social, pedagogia, nutrição, saúde, higiene e segurança etc.) por meio de uma metodologia lógica e de fácil compreensão e assimilação, tanto para iniciantes como para profissionais veteranos na gestão de pessoas.

Poderá, também, motivar e permitir que especialistas realizem um processo de auditoria interna, dispensando a contratação de um auditor ou uma auditoria externa.

A referida metodologia aplica-se a todo tipo, ramo, porte e estrutura de organização, quer seja uma entidade pública, privada, quer seja uma ONG, Associação, Grêmio etc., pois mostra, didaticamente, todos os passos ou caminhos a seguir dentro do processo de auditoria dos recursos humanos.

Dada a escassez e dificuldade de encontrar literatura sobre o tema, tanto na língua portuguesa como espanhola, esta obra absorveu quase três anos de estudos, pesquisas, questionamentos e contatos com especialistas para que pudesse ser uma obra completa sobre o tema de auditoria de RH.

Houve necessidade de pesquisa e leitura de dezenas de artigos, capítulos e comentários publicados em português e espanhol. Daí a razão de a bibliografia ser bem extensa.

Devido à essa carência, fomos obrigados a recorrer aos estudos e experiências desenvolvidos em outros ramos que praticam a Auditora há muitos anos. Referimo-nos às áreas Contábil-Financeira e da Qualidade, que serviram como suporte à estruturação de nossa metodologia.

Mediante estudos de similitudes, disimilitudes e correlações entre elas, pudemos desenvolver uma metodologia similar à da área contábil, mas tendo como balizamento teórico a filosofia da qualidade, pois ela tem muita aderência à área de RH devido a ambas se fundamentarem na prestação de serviços e na melhoria do comportamento humano por meio da adoção de processos educativos e comportamentais.

Nesse aspecto, ousamos parafrasear o respeitável guru japonês Kaoru Ishikawa que dizia repetidamente: "a Qualidade começa e termina com a educação". Diríamos que: "a área de RH também começa e termina com a educação (em seu amplo sentido)".

A globalização mundial e a crescente evolução na dinâmica das empresas tornam a auditoria uma ferramenta fundamental não só para verificar ou observar o cumprimento das metas decorrentes do planejamento estratégico, bem como na verificação do grau de adequação ou aderência dos diversos processos/atividades às normas e procedimentos esperados/programados.

Além disso, a conotação atual da auditoria não tem caráter especulativo, policialesco, fiscalizador ou punitivo, muito usado no passado. Hoje em dia, ela é considerada uma ferramenta gerencial de apoio à administração por meio da identificação de oportunidades de melhoria, bem como por meio do fornecimento de feedback aos gerentes/dirigentes, mostrando desvios e disfunções que, se corrigidos, podem evitar desperdícios financeiros e materiais, oportunizar melhorias e, paralelamente, agregar valor a todo o processo desenvolvido em qualquer setor organizacional.

Como a corrupção e a fraude são temas atuais, inseriu-se um capítulo específico para erros e fraudes em RH, no qual são mostrados o perfil e a motivação do fraudador, seus hábitos e comportamentos, os diversos tipos e fatores que causam a fraude, as áreas de RH mais propícias à sua ocorrência, bem como as ações proativas para se eliminar ou atenuar esses acontecimentos negativos.

É claro que a identificação de erros graves, subtração, corrupção e fraudes, uma vez constatados, não podem ser descartados e devem merecer o tratamento corretivo mais adequado a cada caso. Mas esses episódios não são o foco principal da auditoria. Na verdade, são consequências desse trabalho.

Em resumo, a presente obra mostra a metodologia da auditoria de RH, tanto no aspecto teórico como prático, apresentando as diversas etapas do processo de avaliação, formulários diversos, *cases*, técnicas variadas de abordagem e testes de auditoria. Além disso, objetivando eliminar ou reduzir o trabalho de pesquisa, são apresentados alguns exemplos de diversas evidências e não conformidades em RH, bem como uma coletânea de centenas de indicadores ou pontos de controle a serem usados no *checklist*, abrangendo todas as atividades de RH (planejamento, recrutamento, seleção, admissão, integração, delineamento de cargos, remuneração, benefícios, administração de pessoal (DP), relações trabalhistas e sindicais, alimentação, higiene, saúde, segurança, desenvolvimento e treinamento, desempenho, competências e monitoramento). Vale acrescentar que, neste trabalho, já estão inseridas as mudanças ocorridas com a aprovação da Reforma Trabalhista (Lei 13.467/2017).

No que diz respeito ao relatório de auditoria, são mostrados todos os passos de sua elaboração, inclusive como redigir e apresentar as evidências e não conformidades observadas no processo avaliatório.

Enquanto a totalidade da literatura sobre auditoria termina no capítulo sobre o relatório e as ações de monitoramento das inconformidades, a presente obra presta uma colaboração a todos aqueles que recebem o resultado da auditoria e não sabem o que fazer com as notificações apresentadas pelo(s) Auditor(es).

Mostramos o que fazer para solucionar as não conformidades apontadas no relatório e quais as ferramentas para examinar e hierarquizar as disfunções, analisar suas causas ou origens, bem como elaborar o Plano de Ação para solucionar cada uma das não conformidades apontadas no relatório.

Naturalmente, uma obra pioneira e completa como esta, apesar de todo o cuidado do autor, fatalmente suscitará a presença de erros e omissões, provocando dúvidas, questionamentos, correções e críticas, razão pela qual o autor agradece, humildemente, todos os comentários, críticas, sugestões e complementações que venham a corrigir as falhas do autor e enriquecer esta obra.

Nesse sentido, apresento meu e-mail: thadeudocouto@uol.com.br e meu WhatsApp (021) 99985-6185.

Desde já, meu fraterno agradecimento.

Sumário

1. Histórico da Auditoria

Uma pesquisa sobre a época correta em que se iniciou a atividade de auditoria no mundo revela imprecisão. Sabe-se que ela remonta há muitos séculos, quando havia a necessidade de alguém analisar ou verificar a legitimidade de qualquer fato, atividade ou acontecimento, ou então prestar contas a uma autoridade superior daquilo que lhe foi pedido ou delegado para apurar ou analisar.

Alguns autores, como Lopes de Sá (1998), argumentam que há vestígios de sua existência antes de Cristo, pois "em escavações arqueológicas encontraram inspeções e verificações de registros, na região da antiga Suméria, por volta do ano 450 A.C.".

A história universal revela que a Suméria foi uma antiga civilização (avançada para sua época) surgida entre 500 e 400 anos A.C., situada no rio Tigre, ao sul da Mesopotâmia (atual Iraque e Kuwait).

Outros pesquisadores dizem que ela surgiu durante o império romano, com base em alguns escritos atribuídos ao escritor Plínio.

A palavra auditoria vem do latim *audire*, que significa ouvir ou saber ouvir. Outros pesquisadores afirmam que vem do inglês *audit*, significando inspecionar ou auditar.

A maior parte da literatura revela que a auditoria se originou formalmente no séc. II D.C. na Inglaterra (na época, a nação mais poderosa do mundo).

Alguns séculos mais tarde (XVI e XVII), a auditoria tomou novo impulso com as expedições marítimas, realizadas pelas grandes potências comerciais europeias que se lançavam a esses empreendimentos.

O grande avanço da auditoria ocorreu por volta de 1929, após a depressão americana, que tornou obrigatória nos Estados Unidos a auditoria contábil independente para analisar as demonstrações financeiras de todas as empresas que tinham ações na Bolsa de Valores.

2.

Auditoria no Brasil

Na época do Brasil Colônia, havia uma autoridade (juiz colonial) que representava o "olho do rei" e que era uma pessoa especial por ser indicada pela Coroa Portuguesa para verificar o correto recolhimento de tributos para o tesouro lusitano. Seu objetivo era evitar e/ou reprimir a sonegação ou fraude, principalmente no processo de produção e comercialização do ouro e pedras preciosas. Lembram-se da histórica fraude do "santo do pau oco". Pois é, isso era uma forma de sonegação fiscal.

A auditoria no Brasil tornou-se significativa na década de 60 com a implantação da indústria de base ou indústria pesada (siderurgia, química, petroquímica, automobilística) por meio da vinda de empresas estrangeiras. Houve ainda a criação da CVM, de normas econômicas ditadas pelo Banco Central e edição da Lei das S.A.

Cruz (1998) faz um resumo histórico das principais influências que nortearam o desenvolvimento da auditoria no Brasil:

- filiais e subsidiárias de empresas estrangeiras;
- financiamento de entidades internacionais (FMI, BID, BIRD, EXIMBANK);
- evolução do mercado de capitais;
- criação de normas de auditoria promulgadas pelo Banco Central (1972).

Enquanto os auditores independentes (externos) têm o IBRACON (Instituto dos Auditoes Independentes do Brasil) como sua entidade de classe, os auditores internos também têm sua associação representativa, que é o Instituto dos Auditores Internosdo Brasil (AUDIBRA), que em 2010, para efeito de normalização com a entidade mundial, passou a ter a sigla "IIA Brasil" e presta serviços de formação, capacitação e certificação a seus associados (pessoa física).

3. Inferência e Evidência

Na conversação cotidiana, normalmente não fazemos muita distinção entre essas duas palavras, chegando, às vezes, a considerá-las sinônimas. Entretanto, a nível profissional, independentemente da área de formação, esses dois termos são distintos e fundamentais na identificação de fatos ou ocorrências que repercutem diretamente no resultado de qualquer atividade.

Para os especialistas, não pode haver dúvida ou confusão sobre o significado desses dois termos, sob pena de colocar em risco a respeitabilidade de qualquer trabalho, estudo ou relatório, independentemente do assunto analisado.

3.1. Inferência

A palavra inferência deriva do verbo inferir, que tem vários significados: supor, deduzir, achar, induzir, sentir, presumir, achar, sentir, parecer ou conjecturar.

Assim, podemos entender que a inferência é um ato, efeito ou sentimento de tirar conclusões apressadas — geralmente de cunho emotivo ou perceptivo — sobre qualquer coisa (fato, processo, pessoas, atividade, fluxo de trabalho, comportamento etc.) que conduzem, quase sempre, a resultados fora da realidade ou da verdade.

Em resumo, podemos dizer que inferência é sinônimo do famoso "achismo".

Na verdade, a inferência é uma forma ou maneira particular de se observar qualquer fato ou acontecimento e que está contaminada por aquilo que se chama "percepção".

A percepção é a capacidade de o ser humano captar e interpretar estímulos recebidos por meio dos sentidos (visão, audição, tato, paladar e olfato). Assim sendo, ela é uma característica particular e individual de ver as coisas. É por isso que eu posso considerar, por exemplo, uma pessoa como boa e essa mesma pessoa pode ser vista como ruim por você.

Veja alguns exemplos de inferências que ocorrem com frequência em toda empresa:

- A rádio peão está informando que fulano...
- Diante dessas informações, tudo leva a crer que...
- Onde tem fumaça, há fogo.
- Se fosse mentira, alguém teria comentado o contrário.
- Se fulano falou, deve ser verdade!
- Toda empresa está comentando que...
- Os dois saíram juntos de carro, logo...
- Dizem que vai passar o vagão ou navio para levar gente (demissão).
- A gratificação deste ano vai ser menor (ou maior).
- Vão cortar cabeças.
- Comentam que não haverá mais horas extras.
- Vai haver atraso de pagamento este mês.
- Fulano vai cair.
- A empresa será comprada por outra.
- Não haverá promoções este ano.
- Fulano(a) tem um caso com Beltrano(a).
- A empresa está em estado falimentar.

No nosso relacionamento cotidiano, geralmente não transmitimos literalmente o que vimos ou o que nos disseram. Temos a tendência de acrescentar ou retirar algo que julgamos ou achamos importante, mas que não temos convicção de que tenha ocorrido, podendo, assim, distorcer a verdade.

Vejam os dois exemplos abaixo sobre inferência.

3.1.1. Motorista Desatento (autor desconhecido)

Um motorista vinha dirigindo um veículo importado em alta velocidade quando, numa curva fechada, não conseguiu controlar o carro e derrapou, indo bater num poste, jogando-o ao chão. Várias pessoas apareceram como testemunhas e, ao serem questionadas sobre o acidente, algumas falaram coisas parecidas e outras coisas bem diferentes ou estapafúrdias. Ao serem inquiridas com certa habilidade do interlocutor, se estavam no local no momento do acidente, todas negaram estar presentes. Suas informações não eram convincentes, pois estavam longe do local e só chegaram ali algum tempo depois. Portanto, a declaração de todas essas pessoas ouvidas foram suposições (= inferências), pois não viram o acidente no momento de sua ocorrência. Ao serem perguntadas sobre o motorista estar ou não alcoolizado, todas disseram que o viram cambaleando ao sair de dentro do carro. Mas nenhuma delas sentiu bafo de bebida nem sabe se houve teste do bafômetro.

3.1.2. Comendo a Maçã (autor desconhecido)

Um garoto de cinco anos, após o almoço, pediu a sobremesa à sua mãe, que lhe perguntou se queria doces ou frutas. O menino respondeu-lhe que queria frutas. A mãe, logo em seguida, trouxe uma vasilha contendo frutas variadas. O menino imediatamente pegou duas maçãs, colocando uma em cada mão. A mãe olhou apreensiva e, surpreendida com aquele ato do filho, pensou logo o quão egoísta ele fora, esquecendo-se de todos os conselhos e lições de boas maneiras que passara para ele. Para testar a criança, ela lhe pediu uma maçã e o filho, em vez de dá-la imediatamente, mordeu as duas maçãs. A mãe ficou indignada e apreensiva com aquele comportamento do filho. Mas como mãe é mãe, perguntou ao menino por que ele tinha mordido as duas maçãs. O filho, na maior sinceridade e naturalidade, disse-lhe que antes de dar a maçã, mordeu as duas para saber qual era a mais gostosa para dar à mãe.

3.2. Evidência

É uma palavra cujo significado é "visibilidade", "transparência", "obviedade", "clareza". Enquanto a inferência é uma interpretação das emoções/percepções, a evidência é uma manifestação concreta da realidade, fruto da racionalidade, não deixando dúvidas sobre a veracidade de um fato ou acontecimento.

Podemos dizer, de outra forma, que a evidência é uma identificação ou prova (qualitativa e/ou quantitativa) obtida por meio de cuidadosas observações, informações, testes, medições, constatações (documentos, fotos, gravações, filmagens, testemunhas) que, submetidas à análise de qualquer pessoa, não deixam nenhuma dúvida sobre sua autenticidade e veracidade, nem dão margem a contestações ou questionamentos.

A tarefa mais importante do Auditor é formar uma opinião correta sobre o que está auditando. E para atingir o nível ideal de correção, ele persegue, tenazmente, as "evidências".

Segundo o Conselho Federal de Contabilidade (NBCTA-500), a evidência de auditoria "compreende informações obtidas de várias fontes (escrita, falada, testemunhal etc.) pelo auditor para chegar a conclusões que fundamentam a sua opinião".

Portanto, a evidência inclui informações contidas nos registros e documentações que proveem de várias fontes.

Com essas variadas facetas, pode-se classificar as evidências, segundo os procedimentos que a originaram, em:

- Evidência física ou material: aquela decorrente de uma inspeção física (contagem, medição, pesagem) ou observação direta de um bem, produto, amostras, protótipos, peças e equipamentos.
- Evidência documental: quando é obtida por exame de um documento qualquer: recibos, notas fiscais, diplomas, gráficos, mapas, memorandos, correspondências, recibos, cartas, fotos, fichas, formulários, relatórios, cronogramas, agendas, contratos, acordos etc.
- Evidência testemunhal: é aquela obtida por meio de declarações de uma pessoa que presenciou qualquer fato de interesse da auditoria.
- Evidência analítica: é aquela decorrente da conferência de cálculos, confirmações, comparações, correlações, simulações e testes.
- Evidência virtual: obtida por qualquer meio de informática (computador, *tablet*, *smartphone* e similares).

Veja abaixo uma situação em que se pode ver tanto a inferência como a evidência.

3.2.1. Entrega de Apostila (exemplo do autor)

Este caso ocorreu comigo há muitos anos. Estava iniciando uma aula noturna quando um aluno cobrou-me a entrega da apostila prometida na aula anterior. Desculpei-me dizendo-lhe que não tinha vindo diretamente de casa, razão pela qual não trouxera a apostila. Para atenuar a minha falta, perguntei aos alunos se alguém morava ou trabalhava no mesmo bairro onde resido, pois eu entregaria pessoalmente o material. Imediatamente, apareceu uma aluna — por sinal representante da turma — que trabalhava perto de minha residência. No dia seguinte, pela manhã, peguei o endereço e dirigi-me ao trabalho da aluna. Tive certa dificuldade para encontrar o número. Depois de muito perguntar, disseram-me que aquele endereço era de um Motel. Fiquei em dúvida e liguei para a aluna para certificar-me de que era lá. Ela me confirmou. Deixei meu carro no estacionamento e entrei no Motel. Chegando à portaria, ela me recebeu com toda naturalidade e disse que era a Gerente Administrativa. Conversarmos pouco tempo e depois voltei para minha residência.

Se você me visse (conhecendo-me ou não) saindo de carro de um Motel, o que pensaria?

Pois é, quando conto essa história para os alunos, poucos acreditam na verdade. Só acreditam nas "inferências" (haja criatividade).

4. Conceituação de Auditoria de Recursos Humanos

De longa data, comenta-se sobre a dificuldade ou negatividade de os profissionais de RH adotarem indicadores para avaliar a eficácia dos diversos subsistemas de RH, pois sempre defenderam a tese de que RH é uma atividade não matemática e que o empregado é um ser humano diferente do outro, sendo, assim, muito difícil ou até impossível avaliar algo que não é padronizado.

A única área aceita para ser auditada foi sempre a Administração de Pessoal, mais conhecida como DP (Departamento de Pessoal), por ser uma atividade mais padronizada e homogênea que lida com valores monetários (folha de pagamento) e por ser o cartório da empresa, obedecendo a referenciais jurídicos (CLT, Previdência Social, Regulamentos Normais , Leis, Decretos etc.) ligados à movimentação e controle de empregados (admissão, demissão, licenças, férias, promoções, elogios, punições etc.).

Até o conceituado Dale Yoder (1969) já havia comentado sobre essa dificuldade, salientando que "alguns administradores se opunham às tentativas de avaliações formais da administração do potencial humano. Alegavam que a essência do êxito na gestão de pessoas é a manutenção de uma atmosfera e tom intangíveis no emprego. Para eles, era difícil estabelecer critérios e medidas para quantificar o valor da participação e da energia devotadas às relações de emprego. Faziam objeções particularmente à fixação de valor monetário às contribuições individuais. Insistiam em que as mais importantes atividades de administração de recursos humanos resistem à qualquer medida de avaliação e medição".

Felizmente, com o advento da Filosofia e Metodologia da Qualidade na década de 60, quebraram-se todos os tabus e paradigmas de que era impossível ou difícil auditar RH. Os mestres da qualidade provaram que tudo é possível ser avaliado e auditado, tanto material (bens e produtos) como imaterial (serviços).

Analisando o assunto por outro lado positivo, o conceituado Chiavenato (2002) afirma que "o propósito principal da auditoria de recursos humanos é mostrar como o programa (de RH) está funcionando, localizando práticas e condições que são prejudiciais à organização ou que não estão compensando o seu custo ou, ainda, práticas e condições que devam ser acrescentadas". Continuando, ele acentua que "a auditoria é um sistema de revisão e controle para informar à administração sobre a eficiência e eficácia do programa em desenvolvimento, principalmente quando esse programa é descentralizado".

Segundo Mee (apud Chiavenato, 2000), pode-se entender a Auditoria de RH como sendo "um dos subsistemas da Administração de Recursos Humanos que pode ser definido como a análise das políticas e práticas de pessoal de uma organização e avaliação do seu funcionamento atual, seguida de sugestões de melhoria".

Para Nevado (1999), a "auditoria de recursos humanos é um instrumento de gestão, que — por meio de metodologia e ferramentas — é semelhante a qualquer auditoria, permite melhorar a administração, gestão, eficiência e eficácia dos recursos humanos de uma empresa".

O professor Zambrano (2002) assinala que "a auditoria de RH é o processo de revisão e avaliação integral e construtiva das normas e políticas da empresa e da gerência, em relação aos empregados".

Já Dolan et al (apud Romero-1995) assinalam que a "auditoria de recursos humanos é uma avaliação sistemática e associada a todas as políticas e programas de RH de uma organização".

Scott (apud Hoyler) expressa a "auditoria de pessoal como uma análise de todos os fatores envolvidos na administração de pessoal, com um sumário da situação encontrada, seguido de recomendações destinadas a corrigir qualquer desvio dos padrões determinados".

Por outro lado, assinala Tareas (2007), entende-se a "auditoria de RH como um conjunto de procedimentos que são levados a cabo para determinar as deficiências que existem dentro da organização ou que venham a melhorar o que já está estabelecido, bem como melhorar cada um dos trabalhadores da organização".

Assim, considerando todas essas nuances, ousamos definir a "Auditoria de Recursos Humanos como sendo uma função de monitoramento dos processos e dos talentos humanos de uma organização, abrangendo técnicas de identificação, análise e avaliação de desvios, variações e disfunções em qualquer processo relacionado às funções de RH (recrutamento e seleção, administração de pessoal, remuneração e benefícios, treinamento e desenvolvimento, assistência social, relações trabalhistas e sindicais, administração de desempenho, medicina e saúde ocupacional, planejamento de carreiras etc.), visando a adoção de medidas corretivas e/ou preventivas, de maneira a manter adequada a relação empresa x empregados".

5. Principais Testes Utilizados em Auditoria

Na realização de suas atividades, o auditor (em qualquer campo de conhecimento) terá de lançar mão de vários instrumentos ou artifícios que permitam identificar a correção, incorreção, adequação, consistência, autenticidade, conformidade, confirmação, tendência etc. dos dados e informações a serem obtidos.

Entre os principais testes ou experimentos utilizados, ressaltamos os seguintes:

- Avaliação: procedimento de verificação do nível de desempenho, correção ou adequação do fluxo ou rotina de trabalho.
- Conferência: verificação da exatidão de procedimentos, cálculos e registros.
- Confirmação: constatação de dados quantitativos: contagem, medição, pesagem, cubagem, dimensões, componentes etc.
- Constatação : verificação *in loco* (na fonte) de dados, informações e processos, de forma a trabalhar em cima de "evidências".
- Autenticidade: verificação da legalidade do documento.
- Análise: exame detalhado do dado ou da informação, analisando ou rastreando o fluxo ou processo de trabalho.
- Consistência: verificação segura da origem ou das fontes de informações.
- Conformidade: verificação ou comparação dos procedimentos, rotinas e processos com as normas(manuais, regulamentos, recomendações, objetivos/metas, medidas de controle etc.).
- Amostragem: dada à impossibilidade de avaliar o universo, examinar criteriosamente uma parte do todo (geralmente 10% a 20%), como seria o caso da análise da folha de pagamento dos empregados.

- Comparação: confrontar a variação histórica (ou temporal) ou projetada (mensal, trimestral, anual) com os dados e informações obtidas na auditoria.
- Conferência: confirmar ou repetir os cálculos sobre registros, medições, valores, tributos, contagem e especificações de produtos ou serviços.

6.

Auditoria Externa X Auditoria Interna

De acordo com a origem ou vinculação trabalhista do profissional, a auditoria será considerada interna se esse profissional pertencer aos quadros da empresa, isto é, ele é funcionário da organização auditada e, portanto, figura em sua folha de pagamento. Será auditor externo se for um profissional autônomo ou pertencer a uma Empresa de Auditoria (Delloitte, KPMG, Price etc.)

6.1. Auditoria Externa

A auditoria externa foi a primeira, historicamente, a existir. Sua característica fundamental é a de o profissional auditor não ter nenhuma vinculação trabalhista com a empresa auditada, ou seja, não pertence a seu quadro de funcionários.

Ela pode ser exercida por uma entidade especializada em auditoria ou por um profissional ou grupo de profissionais (pessoa física ou jurídica).

A auditoria externa, devido a seu alto grau de autonomia e liberdade de ação, é também chamada de auditoria independente.

6.1. 1. Vantagens da Auditoria Externa

- Auditores possuem maior maturidade profissional, pois possuem alto grau de *know-how* (= conhecimento e experiência) no assunto pelo fato de já terem trabalhado em diversos projetos em empresas de vários ramos, de vários portes e com problemáticas e atividades iguais ou diferentes da empresa auditada.

- Não possuem os tradicionais vícios internos nem ideias preconcebidas e nenhum vínculo trabalhista nem compromisso de coleguismo ou amizade com qualquer empregado.
- Garantem maior confiança da empresa perante seus *stakeholders*, isto é, todas as pessoas e entidades nela interessadas (dono, acionista, cotista, CEO, diretores, gerentes, supervisores, empregados, terceirizados, autônomos, contratados, cooperados, estagiários, *trainees*, clientes, fornecedores, representantes, revendedores, credenciados, franquiados, comunidades etc.).
- Maior grau de aceitação pelo alto escalão gerencial da empresa devido ao grau de independência.
- Imparcialidade, objetividade e qualidade dos trabalhos de auditoria.
- Maior independência e liberdade de ação, pois o auditor não é influenciado pela cultura nem pelo comportamento organizacional da auditada.
- Não aceitam imposições nem se intimidam diante de barreiras ou outras dificuldades internas.
- Por serem mais independentes, podem assumir mais riscos ao aprofundar seus trabalhos, pois não estão comprometidos com qualquer coisa da organização.
- Utilizados pela empresa em situações especiais/pontuais, tais como: fraudes, divergências internas, incorporação,fusão ou desmembramento de empresas e para fins de exigências legais.
- Não estão envolvidos emocionalmente com a cultura da empresa, podendo visualizar com facilidade seus pontos fortes e fracos.

6.1.2. Desvantagens da Auditoria Externa

- Menor conhecimento da empresa, sua estrutura, sua cultura, seus processos, seu corpo gerencial e de seus controles internos.
- Não tem poder formal de fazer qualquer mudança a nível operacional nem gerencial.
- Não participa/convive diariamente com as atividades, comportamentos e processos organizacionais.
- Demanda maior custo para a empresa auditada uma vez que uma equipe externa de auditoria tem alto nível remuneratório, pois a maioria de seus profissionais tem senioridade e já trabalhou em empresas conceituadas.

- Maior dificuldade do auditor em obter certos dados e informações por não conhecer bem a empresa e os detentores/responsáveis pelos processos operacionais.

6.2. Auditoria Interna

Dada a necessidade de expansão e globalização das empresas, surgiu a necessidade de elas possuírem uma atividade interna de auditoria, pois a auditoria externa, embora eficiente e eficaz, tem custo altamente oneroso para a organização, razão pela qual ela só a utiliza nas atividades mais importantes ou nas situações de exigências legais.

Assim, as empresas resolveram criar suas próprias auditorias, reduzindo custos e com a facilidade e rapidez de verificar, com mais frequência, a situação de seus controles internos e a correção de seus procedimentos operacionais. Com isso, pode-se analisar as atividades organizacionais com mais profundidade, dando uma visão mais rápida e profunda da situação aos dirigentes da empresa.

Os conceitos de auditoria interna e externa praticamente se equivalem, pois ambas realizam exames, análises, levantamentos, testes, inspeções e comprovações, de forma criteriosa e metodológica, a fim de verificar a integridade, adequação, eficácia, eficiência e economicidade dos processos e dos sistemas internos, objetivando informar às autoridades decisórias da real situação da empresa.

Segundo Silva (2009), a auditoria interna "é um processo de trabalho voltado para a avaliação da rotina administrativa, com base em verificação dos procedimentos operacionais".

Já o Conselho Federal de Contabilidade (NBC-TI-01) conceitua auditoria interna "como aquela atividade que compreende os exames, análises, avaliações, levantamentos e comprovações, metodologicamente estruturadas, para a avaliação da integridade, adequação, eficiência, eficácia e economicidade dos processos e sistemas de informação e de controles internos integrados ao ambiente e de gerenciamentos de riscos, com vistas a assistir a administração da entidade no cumprimento de seus objetivos".

Enquanto isso, o Instituto Internacional de Auditores Internos (IAA) conceitua "auditoria interna como uma atividade independente e objetiva que presta serviços de avaliação e consultoria, que tem como objetivo adicionar valor e melhorar as operações de uma organização sob a ótica operacional". Para esse instituto, "a auditoria interna é um conjunto de técnicas que visam avaliar, por amostragem, a gestão da entidade, pelos processos e resultados gerenciais, mediante a confrontação entre uma situação encontrada com um determinado critério técnico, operacional ou normativo".

Para que a auditoria interna obtenha êxito em suas funções, deve focar os seguintes objetivos:

- identificar se os registros, normas, regimentos, regulamentos, manuais e decisões internas estão sendo cumpridos (= conformidades) ou não (= não conformidades);
- efetuar avaliações dos riscos e dos controles internos;
- verificar a necessidade de atualização, modificação e criação de novas normas, procedimentos, regulamentos e decisões;
- avaliar a eficiência e eficácia dos processos internos da organização;
- identificar dificuldades na execução ou implementação de novos processos ou rotinas de trabalho;
- obter informações ou outros dados organizacionais com alto grau de confiança e de correção (evidências objetivas e comprovadas).

6.2.1. Vantagens da Auditoria Interna

- Profissionais com amplo conhecimento da empresa: estrutura, corpo gerencial, cultura organizacional, processos, rotinas, hábitos etc.
- Facilidade de acesso a dados e informações internas por conhecerem as atividades, rotinas e processos da empresa e seus responsáveis.
- Menor custo das atividades de auditoria, pois os profissionais são empregados, logo constam na folha de pagamento da empresa.
- Profissionais presentes continuamente, participando da vida diária e conhecendo, assim, todas as normalidades e anormalidades ocorridas na empresa.
- Encontram menores barreiras ou resistências dos auditados por conhecerem os processos e fluxos de trabalho (sabem o "caminho das pedras").

6.2.2. Desvantagens da Auditoria Interna

- Menor independência pela possibilidade de sofrerem pressões e ameaças por parte de ocupantes de funções superiores (Gerentes, Chefes de Departamento, Superintendentes etc.) — "a famosa chave de galão".

- Menor imparcialidade e menor liberdade por terem laços afetivos/ emocionais (conscientes ou inconscientes) com pessoas (colegas, ex-colegas, amigos) das áreas auditadas.
- Aceitação parcial pelos escalões superiores da organização (lembrem-se da famosa expressão: "santo de casa não faz milagre").
- Menor experiência profissional por não terem participado de auditoria em outras empresas de porte, ramo e cultura diferentes.

7. Novos Tipos de Auditoria

Além das auditorias tradicionais (interna e externa), dada à globalização e evolução tecnológica, surgem metodologias novas. Entre elas, podemos citar a auditoria virtual, compartilhada e comportamental.

7.1. Auditoria Virtual

Da mesma forma que existe a consultoria à distância, também se adotou a auditoria virtual (*on-line*, digital, à distância ou sem papel). Ela esboça seus primeiros passos nas corporações.

Fundamenta-se na análise e avaliação de dados e informações diversas (pagamentos, recebimentos, folha de pagamento, admissão, demissão, licença, registro e movimentação de pessoas, guias de recolhimento, pagamento de tributos, bônus, gratificação, movimentação bancária, benefícios, descontos, controle de documentos, faltas, férias, licenças etc.) contidas em arquivos digitais, permitindo maior facilidade, rapidez, confiabilidade e correção que a auditoria tradicional, permitindo antecipação das medidas corretivas e/ou preventivas.

Em artigo publicado recentemente (autor não informado), a Universidad EAFIT (Medelin-Colômbia) aponta uma série de benefícios e vantagens advindas com a adoção da auditoria virtual:

- Minimização de riscos;
- Respostas rápidas e oportunas;
- Detecção de desconhecimento de normas e políticas da empresa;
- Identificação de possíveis fraudes;
- Detecção de desvios de recursos (matérias, financeiros e outros);
- Redução de custos;

- Redução do número de visitas de auditores;
- Análise de processos complexos.

Devido às suas características peculiares de não se processar por ações manuais, ela se torna ágil e confiável na identificação de distorções, erros e até fraudes, o que permite a antecipação de medidas ou ações corretivas e/ou preventivas.

No momento, ela é mais utilizada em atividades em que há grande volume de dados e informações digitais (documentos fiscais, movimentação e registro de pessoal, escriturações de compra e venda, controle de processos, movimentação bancária, carteira de ações, fundos de investimentos, folha de pagamento, pagamento de tributos etc.).

7.2. Auditoria Associada (Compartilhada ou Mista)

Trata-se de uma forma de auditoria largamente utilizada pela área da Qualidade e que pode perfeitamente ser praticada na área de RH. É um tipo de auditoria normal, mas que utiliza o princípio da reciprocidade. A empresa convida profissionais experientes de outras organizações (similares ou não) que tenham experiência em auditoria e os integra à sua equipe, formando assim uma equipe mista, com profissionais de outras empresas. Essa auditoria ocorre devido a duas razões principais:

- a empresa auditada tem seu efetivo reduzido, não podendo formar uma equipe de auditoria;
- os profissionais da área têm pouca ou nenhuma experiência em auditoria.

Como há um intercâmbio e rodízio desses profissionais entre as empresas, geralmente não há recompensa pecuniária, pois todas as empresas absorvem e trocam experiências, saindo todos ganhando, pois é uma forma de desenvolvimento profissional e aquisição de mais experiência.

Naturalmente, nada impede que haja pagamento ou oferta de algo simbólico e/ou material.

7.3. Auditoria Comportamental ou de Riscos

É um tipo de auditoria praticada por profissionais da área de saúde, segurança e meio ambiente, tendo como objetivo reduzir a ocorrência de acidentes de trabalho. Baseia-se em estatísticas ocupacionais que apontam ser 95% dos acidentes de trabalho oriundos de comportamentos inseguros: falha, omissão, desatenção, negligência ou desconhecimento do ser humano.

Há vários estudos sobre o assunto desenvolvidos por Herbert Henrich e Frank Bird em empresas de seguros, siderurgia e na famosa Du Pont.

Em resumo, essa auditoria é uma ferramenta gerencial que permite aos gestores conhecerem (por observação, entrevista, testes, análise de acidentes, questionários) atitudes e comportamentos inadequados, objetivando a criação de ações e programas diversos (sensibilização, capacitação, treinamento, normatização, trabalho em equipe, círculos de qualidade ou segurança; os 5S) destinados a evitar os acidentes mais leves, pois o conjunto deles é que provoca os acidentes fatais. Segundo Bird, para cada acidente fatal, ocorrem 3.000 acidentes leves (com ou sem afastamento).

8. Barreiras ou Resistências à Auditoria (Interna e Externa)

Denomina-se "barreira", "contra-auditoria" ou "resistência" todo tipo de comportamento ou ação do auditado que atrapalha, alonga, dificulta ou pode impedir o bom andamento das atividades de auditoria.

Elas ocorrem tanto na auditoria interna como na externa, pois refletem uma reação natural de todo ser humano a qualquer mudança ou variação que interfere em seu *status quo*. Essas reações ocorrem motivadas por fatores emocionais, comportamentais ou de personalidade e são consideradas como comportamentos defensivos.

Foi o famoso psicólogo Kurt Lewin quem primeiro qualificou esse tipo de comportamento como "resistência à mudança".

Trata-se de um comportamento psicológico em que a pessoa tem o hábito, tendência ou comportamentode reagir a tudo aquilo que é novo, que a incomoda ou vai influenciar (direta ou indiretamente) naquilo que lhe pertence ou que tem relação ao que ela faz no trabalho.

Embora a maioria das pessoas pense que a resistência é um fator negativo, não se pode negar que qualquer organização é formada por um agrupamento de forças contrárias (positivas e negativas), mas que juntas promovem ou conservam o equilíbrio organizacional, ou seja, a tão falada "homeostase". Assim, devemos ver também o lado positivo da resistência por promover a estabilidade e previsibilidade comportamental. Se não houvesse "resistência", a organização e o mundo ficariam caóticos pela mesmice e monotonia, impedindo a transformação e o progresso.

Assim, as resistências não devem ser combatidas, mas sim conhecidas, comentadas, discutidas e negociadas com franqueza. Procure analisar e entender as opiniões, ideias e pontos de vista dos resistentes, pois elas podem reforçar ou modificar sua posição como auditor.

Eis uma relação das principais resistências encontradas nos trabalhos de auditoria (e também de consultoria):

- Questionamentos, dúvidas ou críticas infindáveis ao auditor.
- Prolixidade ou intelectualidade no fornecimento de dados (usar palavras difíceis ou termos técnicos ou estrangeiros para mostrar superioridade).
- Criar certa barreira ou distância entre o auditor e o gerente da área.
- Não comparecer ou participar passivamente (ficar em silêncio) em reuniões convocadas pelo auditor.
- Apresentar dificuldades na localização ou identificação de documentos e materiais comprobatórios.
- Apresentar detalhes demais ou um volume excessivo de dados (p. ex., toneladas de listagem decomputador) para dificultar o trabalho de localização de informações importantes.
- Menosprezar/criticar frequentemente o trabalho de auditoria ou do auditor.
- Comentar que o auditor desconhece a situação real ou não tem condições de entender certas atividades ou processos.
- Achar estranho ou complexo algum comentário, solicitação ou pergunta formulada pelo auditor.
- Omitir dados e documentos, alegando que já foram incinerados ou inutilizados._
- Fornecer informações não confiáveis ou incompletas.
- Boicotar, ridicularizar ou questionar as não conformidades encontradas.
- Apresentar conflitos internos, questionando a empresa, sua organização e suas políticas.
- Procurar desculpas para cada não conformidade encontrada.
- Acusar outras pessoas ou outros setores pela ocorrência de situações ou processos errados/inadequados.
- Responder às perguntas, formulando outras ao auditor.
- Atitudes agressivas, indiferentes ou inamistosas do auditado.
- Exagerar nos elogios e cortesias ao auditor.
- Testar o conhecimento do avaliador.
- Alegar que o responsável pela informação ou execução está licenciado ou foi dispensado.
- Convites para almoço em lugares distantes, para perder tempo.
- Paradas frequentes ou extensas do auditado para tomar cafezinho ou lanche.
- Perguntas insignificantes ou hipotéticas ao auditor.
- Alegar excesso de trabalho para não entregar informações solicitadas.

- Fazer rodeios ou explicações longas para expor coisas simples.
- Apontar estagiários, idosos ou deficientes como responsáveis pelos erros encontrados.

9. Auditor

Auditor (interno ou externo) é a titulação dada ao profissional que realiza um conjunto de atividades deauditoria, desde o planejamento até a conclusão do relatório.

No campo contábil-financeiro, só quem pode exercer a profissão de auditor é o Contador.

Já na área da qualidade, não há exclusividade profissional para exercê-la, embora a maioria seja de engenheiros. Admite-se qualquer outro profissional (administrador, economista, contador, químico, geólogo, médico etc.). O importante é ter conhecimento e experiência no campo da qualidade.

Há grande similitude entre a área da qualidade e a de recursos humanos, pois ambas têm uma afinidadefilosófica, já que se fundamentam na educação e no comportamento.

Assim sendo, na área de recursos humanos há uma pluralidade de profissionais que podem atuarna atividade de auditoria: administrador, engenheiro, psicólogo, advogado, médico, assistente social, pedagogo, nutricionista e outros. O mais importante é que conheçam o RH, tanto na teoriacomo na prática.

Dada a realidade brasileira, a variação de porte e ramo de atividade das organizações, nada obsta que participem da equipe de auditoria profissionais ocupantes de cargos de nível médio (analistas, assistentes, técnicos), desde com comprovada experiência no campo de recursos humanos.

Ao auditor, além de um bom *know-how* (conhecimento e experiência) no campo de auditoria, exigem-seainda outras habilidades e/ou competências, tais como:

- Objetividade e concisão, de modo a atingir o objetivo, focando as coisas mais importantes.

- Criatividade: ser inovador e adaptar seu conhecimento e experiência a situações novas.
- Iniciativa: ter sempre em mente uma saída ou plano "b" em caso de algum impasse.
- Senso crítico: ter capacidade de discernir o certo do errado, o lógico do ilógico.
- Perspicácia: exercitar sua sagacidade e curiosidade na identificação de fatos.
- Lógica: ter raciocínio e comportamento coerentes.
- Boa comunicação: saber passar, receber, analisar e interpretar dados e informações.
- Persuasão: ter habilidade de convencimento.
- Poder de síntese: concentrar-se no essencial, deixando os detalhes e acessórios de lado.
- Persistência: capacidade de manter fixo seu foco no objetivo, apesar de dificuldades, adversidades, pressões e intimidações.
- Dinamismo: manter o trabalho dentro do ritmo esperado ou previsto.
- Ética: manter confidencialidade, guardar sigilo e respeitar a empresa, colegas e a comunidade.
- Percepção: boa sensibilidade para perceber coisas e fatos sensíveis ou escondidos.
- Imparcialidade: manter-se neutro em qualquer situação.
- Autoconfiança: confiar na sua capacidade de trabalho, conhecimento e experiência.
- Postura positiva: manter espírito desarmado, confiar na equipe e inibir preconceitos.
- Bom caráter: ter bons costumes e conduta ilibada (correta).
- Independência: realizar seu trabalho com liberdade e autonomia, não se deixando influenciar por terceiros.
- Discrição: ter sobriedade e prudência no relacionamento pessoal/grupal, na postura, no vestuário; conduta cordial.
- Flexibilidade: habilidade em aceitar e discutir pontos de vista diferentes ou antagônicos.
- Organizado: disciplinado no trabalho e nos objetivos.
- Pontual: respeito a horários, datas, reuniões e compromissos.
- Tolerante: respeitar a diversidade e ser paciente com ideias e pessoas.
- Integridade: moral respeitável e dignidade: servir de exemplo para terceiros.
- Fluência verbal e escrita: facilidade de escrever e de se comunicar com pessoas.

- Elevado grau de autonomia e confiança.
- Fundamentar todo seu trabalho em cima de "evidências" claras e objetivas, que traduzam a verdade.
- Reportar seu trabalho com clareza e exatidão.
- Honestidade e imparcialidade à empresa, pessoas, clientes e sociedade.
- Não atuar como espião ou fiscal, mas sim como agente de melhoria das atividades organizacionais.
- Serenidade: equilíbrio no trato com pessoas e na tomada de decisões.

9.1. Código de Ética do Auditor

Quase todas as profissões liberais têm hoje seu código de ética.

Sobre o assunto, nunca é demais relembrar o famoso escritor Oscar Wilde que afirmava ser a "ética o conjunto de coisas que as pessoas fazem quando todos estão olhando. Já caráter é o conjunto de coisas que as pessoas fazem quando ninguém está olhando".

O código de ética é um conjunto de normas, regras e princípios que norteiam ou balizam o comportamento de profissionais com o objetivo de disciplinar costumes, condutas e comportamentos, bem como o bom relacionamento com colegas, clientes e comunidade.

Eles podem variar ligeiramente de conteúdo, de acordo com cada profissão, mas procuram manter sempre certos padrões de honestidade, competência, responsabilidade, confiabilidade e harmonia visando preservar a honra e dignidade profissional.

Geralmente, os códigos de ética são elaborados por conselhos ou instituições que representam ou fiscalizam o exercício profissional.

Seus objetivos, geralmente, são os seguintes:

- Garantir às organizações usuárias (clientes) uma retidão e isenção dos serviços recebidos.
- Definir direitos, deveres e responsabilidades profissionais.
- Fixar comportamentos adequados, inadequados e transgressões profissionais.
- Delimitar as relações com seus pares, clientes e sociedade/comunidade.
- Sensibilizar a importância de se manter sigilo profissional.
- Estabelecer um conjunto de princípios, regras, orientações e normas de conduta que regulam a profissão ou organização.
- Manter uma linha de conduta profissional, adequada e uniforme entre os profissionais.

Naturalmente, os infratores do código de ética estão sujeitos, regularmente, a receber penas previstas no próprio código ou na legislação penal.

Em relação a auditor interno, podemos citar o código de ética do Instituto de Auditores Internos do Brasil (IIA Brasil) e o formulado por Charles A. Mills para a American Society Quality Control.

9.2. Maturidade do Auditor

Quanto ao grau de maturidade, de um modo geral, numa equipe de auditoria encontramos três tipos de profissionais:

- Júnior ou *Trainee* – profissional no início de carreira, possui bom conhecimento das atividades deauditoria, mas com pouca experiência. Possui boa sustentação teórica e bom relacionamento interpessoalcom seus pares e com outras pessoas. Trata-se de um profissional que trabalha sob supervisão.
- Pleno – profissional de elevado conhecimento e experiência acumulada por mais de cinco anos. Possui elevada sustentação teórica e ótima habilidade no relacionamento com seus pares e com terceiros. É um profissional que atua de forma autônoma, não precisando de supervisão.
- Sênior ou Líder – profissional com grande maturidade técnica e elevada experiência acumulada em diversas empresas. Excelente habilidade de relacionamento com pessoas de todos os níveis hierárquicos. Geralmente, tem experiência superior a dez anos, razão pela qual assume o papel de líder ou coordenador da equipe de auditoria. É a pessoa que orienta, dirime dúvidas e acompanha ou modifica o cronograma de trabalho. Representa a equipe perante à alta administração da empresa, bem como é o responsável pelo relatório final de auditotia.

9.3. Cuidados do Auditor

Como os trabalhos de auditoria exigem muita habilidade, percepção, discernimento e correção, apontamos abaixo alguns procedimentos e cuidados a serem observados pelo Auditor:

- Estabelecer um clima de cordialidade e confiança mútua com o auditado.
- Dizer o objetivo do trabalho.

- Usar um tom de voz agradável e não ser impositivo ou autoritário.
- Auditar sempre *in loco*, nunca à distância.
- Obedecer normas, procedimentos e aspectos legais envolvidos no trabalho.
- Não interferir em assuntos internos do órgão auditado.
- Evitar discutir ou polemizar sobre assuntos de trabalho.
- Guardar sigilo e discrição sobre o que viu e/ou ouviu.
- Agir com bom senso, imparcialidade e serenidade.
- Evitar comparações, generalizações ou rótulos.
- Retirar documentos com permissão prévia.
- Considerar somente informações precisas, concretas, completas e verdadeiras.
- Evitar comentar em público procedimentos inadequados/irregulares.
- Evitar procurar culpados.
- Adaptar-se à rotina administrativa da organização.
- Não ser benevolente ou omisso em relação a erros e fraudes constatados.
- Registrar situações adversas que impedem ou dificultam a realização do trabalho correto.
- Pedir por escrito, em caso de demora ou sonegação de dados.
- Relatar ao auditor-líder ou representante da empresa casos de sonegação ou demonstração clara de má vontade do auditado.
- Destacar sempre aspectos positivos encontrados.
- Concentrar seu foco nas informações "vitais", descartando o que for "trivial".
- Ficar atento aos procedimentos de resistência (= contra-auditoria).
- Anotar na hora as informações obtidas, a fim de evitar esquecimento.
- Falar pouco e ouvir mais.
- Não registrar dados incompletos ou incompreensíveis.
- Reter e salvaguardar os principais documentos objeto de auditoria.

10. Auditoria X Perícia

A auditoria e a perícia são duas funções antigas praticadas inicialmente na área contábil-financeira e que depois se difundiram para outros ramos do conhecimento: direito, engenharia, medicina, administração, odontologia, economia, qualidade etc.

Há certa confusão ou dificuldade de separar uma da outra, havendo alguns profissionais (poucos) que acham que são atividades de atuação idênticas.

Por isso, vamos fazer uma análise criteriosa sobre essas duas funções de modo a esclarecer suas semelhanças e dissemelhanças.

A auditoria, como vimos, é uma atividade mais abrangente, periódica, com certo grau de profundidade e menor rigor metodológico em sua abordagem.

Por outro lado, a perícia é um estudo pontual ou situacional em que se investiga com profundidade e muito rigor técnico o assunto ou problema em sua totalidade, pois repudia analisá-lo por amostragem ou pela metade.

A palavra perícia vem do latim *peritia,* cujo significado é "saber ou competência em determinado assunto".

O perito possui notório saber sobre o assunto ou processo que analisa, pois tem embasamento teórico e bastante experiência profissional naquilo que analisa.

Ele, portanto, é um profissional altamente especializado (*expert* em um ou mais assuntos, tanto no aspecto técnico-teórico como na experiência prática sobre rotinas, processos, legislação, procedimentos, detalhes, exigências, tributação, desvios e fraudes naquilo que investiga).

Podemos dizer que a perícia constitui ou representa uma prova ou testemunho de um profissional especialista, de reconhecida notoriedade e que desenvolve um trabalho de profundidade sobre fatos, situações ou acontecimentos ligados a seu *know-how*.

Toda perícia tem uma marca indelével, isto é, apresenta um "parecer ou laudo conclusivo", nunca podendo deixar dúvidas sobre o trabalho feito, pois seu laudo servirá de base para uma tomada de decisão. Ela apura a verdade em todos os níveis e profundidades, não deixando escapar nenhum detalhe.

Na área jurídica, ela recebe a denominação de "diligência".

Já no aspecto contábil, segundo o Conselho Federal de Contabilidade, a perícia é definida como "o conjunto de procedimentos técnicos e científicos, destinado a levar à instância decisória elementos de prova necessários a subsidiar a justa solução de litígios, mediante laudo ou parecer judicial, em conformidade com as normas jurídicas e profissionais, bem como a legislação específica, no que for pertinente".

A perícia é realizada, na maioria dos casos, por solicitação de terceiros (judicial ou não) para resolver litígios e controvérsias diversas ou para complementar uma auditoria em que se sugeriu um estudo mais aprofundado sobre determinado assunto. Relativamente à área de recursos humanos, vamos apresentar um exemplo hipotético de uma situação que pode ocorrer no departamento de pessoal:

"Ocorreram boatos ou comentários informais de que estavam acontecendo irregularidades no pagamento de horas extras, ou seja, comentários sobre a famosa "indústria de horas extras."

Para se precaver, o novo gerente da área procurou, inicialmente, conversar com o pessoal da folha de pagamento e depois foi analisar o relatório de auditoria mais recente.

Nesse relatório, ele verificou que a auditoria mostrou que cerca de 60 pessoas tinham feito hora extra no mês anterior, mas como a auditoria trabalha por amostragem, ela só analisou 10% do total (seis pessoas). Constatou-se que três funcionários receberam valores indevidos (a maior) e os outros três receberam o valor correto.

Nesse momento, esse gerente recebe uma carta anônima apresentando mais detalhes sobre o assunto.

Como essa carta anônima era bastante detalhada e, tendo em vista os antecedentes sobre o assunto, o gerente resolveu indicar ou contratar um perito, profundo conhecedor de folha de pagamento, para verificar o que estava acontecendo em relação à atividade de hora extra.

Como a perícia é um trabalho meticuloso e não investiga por amostragem, esse profissional vai se dedicar ao trabalho de analisar todo o pessoal envolvido (cerca de 60).

O fato de o assunto não ser unicamente de caráter salarial, vejam as seguintes informações que esse perito poderá levantar/analisar, no aspecto geral e particular, sobre os 60 empregados:

- Cartão de ponto;
- Cargo e nível salarial;
- Comparação do valor da HE com o salário do mês;
- Autorização para fazer hora extra;
- Área ou setor de trabalho onde ocorre a HE;
- Dias, duração e horário da HE;
- Intervalo entre a jornada normal e a HE;
- Supervisão do pessoal que faz HE;
- Quantidade/volume de trabalho produzido;
- Paradas, intervalos ou interrupções ocorridas na HE;
- Comparação com a HE em meses anteriores;
- Revisão individual de todos os cálculos;
- Inclusão ou não de adicionais à HE;
- Total individual de HE no mês;
- Abonos, faltas, licenças e ausências no período.

Em se tratando da área de recursos humanos, vejam a seguir algumas atividades, rotinas ou processos em que é possível ocorrer uma perícia:

- Contrato de mão de obra (terceirizados, autônomos, cooperados, professor, instrutor, palestrante, especialista, tutor de EAD etc.);
- Controle de frequência (faltas, atrasos, abonos, férias, licenças etc.);
- Banco de horas;
- Pagamentos extrassalariais (benefícios, HE, gratificações, bônus, adicionais, reembolsos, indenizações etc.);
- Encargos, descontos, reembolsos, consignações e tributos da folha de pagamento;
- Relação entre orçamento planejado e executado em relação a programas de T&D;
- Despesas com saúde ocupacional;
- Processos de recrutamento e seleção;
- Atividades sociais e de lazer (clubes, grêmios, colônia de férias, *camping*);
- Processo de promoção (vertical e horizontal) e de avaliação de desempenho;
- Acidentes de trabalho;
- Compra ou aluguel de materiais, veículos e aparelhos audiovisuais.

11. Erros e Fraudes

Embora não seja o foco central, os erros e fraudes podem ocorrer durante o processo de auditoria.

Os erros são ocorrências mais comuns, onde há omissões, incorreções aritméticas ou em registros de informação. Considera-se "erro" qualquer falta ou procedimento involuntário cometido por distração, negligência ou ignorância de determinadas regras, rotinas, normas, princípios ou leis, que geram consequências negativas ou indesejáveis à organização, tais como: desperdícios, retrabalho, despesas desnecessárias, custos adicionais (multa, juros, correção monetária, tributação) etc.

Analisando-se mais profundamente, os erros podem ser cometidos de diversas maneiras ou categorias, conforme vemos abaixo:

- Por omissão ou esquecimento: deixar de recolher (por exemplo) um tributo na data certa; não incluir hora extra no contracheque de um empregado.
- Por duplicação: registrar um desconto em duplicidade na folha de pagamento; pagar ou descontar duas vezes no mesmo mês uma vantagem salarial.
- Por compensação: ocorre quando, para corrigir um erro, comete-se outro. Seria o caso de ter pago o salário a menor e depois, para corrigir o erro, pagar a diferença como sendo hora extra.
- Por imputação ou inversão: é quando se confunde ou se inverte uma operação, como, por exemplo, em vez de creditar uma hora extra, debita-se esse valor no contracheque de um empregado.
- Por princípio: cometer um engano por desconhecer alguma norma, princípio ou preceito legal. Por exemplo, pagar horas extras após as 22 horas, sem incluir o adicional noturno ou esquecendo-se de que a hora noturna tem 52 minutos e 30 segundos (CLT).

- Por cálculo: errar ao fazer um cálculo, sem conferi-lo posteriormente (confundir a vírgula, considerando R$ 16,00 como R$ 160,00).
- Por transcrição: por desatenção, transcrever um dado de um para outro documento. Por exemplo, errar a data de nascimento do empregado ao transcrevê-la da certidão de nascimento para a ficha funcional.

Enquanto o erro é uma ocorrência involuntária, a fraude é uma irregularidade de maior gravidade ou proporção por ser causada intencionalmente por ação, omissão ou negligência, com a intenção proposital de beneficiar a si ou terceiros (amigos, parentes, organizações) ou prejudicar terceiros (físicos ou jurídicos), distorcendo resultados, praticando apropriação indébita, exigindo ou aceitando vantagens diversas (corrupção ativa ou passiva) ou desviando recursos (monetários ou não monetários) para si próprio ou para terceiros (pessoa física ou jurídica).

A palavra fraude é de origem latina *fraus*, que significa enganar, lograr, fazer mal ou quebrar regras.

O ato de fraudar é motivado pela vontade ou desejo de uma ou mais pessoas — por meio de um comportamento irregular ou criminoso — de obter ou conseguir algo de valor monetário (dinheiro, joias, imóveis, títulos, carros etc.) ou outras vantagens ou facilidades (conseguir um empréstimo vantajoso, ganhar presentes valiosos, regularizar alguma coisa ilegal, arranjar um bom emprego para parentes etc.).

Como vemos, a fraude é um procedimento desonesto envolvendo práticas dolosas que visam dar prejuízo alheio e/ou obter vantagem ilegal (para si ou terceiros), iludindo a boa-fé de alguém ou fazendo pressões ou ameaças a terceiros (pessoa física ou jurídica).

Para fixar bem o assunto, apresentamos o exemplo dado por Paul Peter Boilesen como sendo a primeira fraude ocorrida na história, denominada por ele como "Fraude do Paraíso". "Nessa história, estavam envolvidos: EVA (agente), a corruptora (SERPENTE) e o corrompido (ADÃO). Como sabemos, Adão e Eva foram colocados por Deus no Jardim do Éden para ali viverem, serem felizes e povoarem a terra com seus descendentes. Porém, Deus avisou aos dois que eles poderiam comer o fruto de qualquer árvore do Jardim, menos o fruto da árvore da sabedoria que Deus reservou para si mesmo, uma vez que quem comesse seu fruto ficaria com o poder do conhecimento do bem e do mal. Eva, por ganância ou ambição, deixou-se seduzir pela serpente e resolveu se apropriar de algo que não lhe pertencia. Como não havia controles internos, ela imediatamente comeu o fruto proibido dando um pedaço a Adão. Quando o Chefe do Éden (Deus) tomou conhecimento do ato delituoso, expulsou os dois do Jardim Celestial e os obrigou a se alimentar com o próprio suor de seu trabalho.

A partir do ocorrido, toda a humanidade ficou privada da perfeição e, além disso, trouxe consigo a famosa herança do "pecado original".

Para Philip Oswald, executivo da KPMG nos Estados Unidos, "a fraude é um problema global que prejudica a reputação das empresas, custa bilhões e arruína vidas. Os profissionais que enganam seus empregadores por meio de apropriação indébita de recursos atentam contra a confiança, ferindo, assim, um princípio fundamental para os negócios, pois é a confiança que aglutina a sociedade e torna o comércio possível. Esses fraudadores — alerta ele — estão abusando de uma posição de confiança".

11.1. Perfil do Fraudador

Um estudo revelado em 2016 pela conceituada auditoria KPMG, baseada em pesquisa realizada entre os anos de 2013 e 2015, em 81 países, com 750 fraudadores, permitiu revelar o perfil e outras características do fraudador:

- Sexo: masculino (79%); feminino (17%);
- Idade: 36 a 55 anos (68% homens);
- Fraudadores: 65% (empregados); 21% (ex-empregados);
- Sozinho/compactuado: compactuado (62%); sozinho (38%);
- Anos de trabalho: 38% (mais de seis anos); 14% (quatro a seis anos); 19% (um a quatro anos);
- Cargo corporativo: 34% (executivos e diretores não executivos); 32% (gerentes); 20% (empregados em geral);
- Reputação pessoal: 38% (alta reputação); 10% (baixa reputação);
- Característica da fraude: 24% (uso de tecnologia cibernética); 47% (apropriação indébita); 22% (informações fraudulentas/erradas);
- Detecção da fraude: 14% dos casos detectados acidentalmente;
- Razão principal da fraude: 61% (controles internos frágeis/deficientes);

Algumas pesquisas mais recentes (KPMG, Kroll, Protiviti , Ernest Young, Exame, Jornal Contábil, Forbes Brasil, Agência Brasil, IDEMP) revelam o perfil básico do fraudador como sendo:

Sexo: masculino.
Idade: 35 a 45 anos.
Instrução: 2.º grau (81%)
Estado civil: casado (67%)
Tempo de empresa: mais de cinco anos

11.2. Tipos de Fraudes

As fraudes geralmente começam com coisas pequenas e de pouco valor, como forma de testar a reação dos colegas e supervisores. Após essa fase inicial, o fraudador começa a ficar ousado, escolhendo coisas mais valiosas ou de maior valor monetário.

Para os especialistas, há dois tipos de fraudes:

- Fraude oportunista: praticada por uma pessoa comum, em geral, com coisas de pequeno valor, mas que ocorre com relativa frequência.
- Fraude premeditada: cometida por fraudador experimentado (chamado "predador"), podendo agir sozinho ou integrar uma quadrilha que se especializa e se envolve em coisas valiosas e/ ou de valor elevado.

Vejam a seguir as principais formas ou tipos de fraudes cometidos na empresa:

- Sabotagem;
- Corrupção;
- Apropriação indébita;
- Desvio de valores, dinheiro, fundos, títulos;
- Sonegação;
- Cálculos errados propositalmente;
- Pagamentos de bens não entregues;
- Pagamentos de serviços não realizados;
- Comissões ou descontos indevidos;
- Pagamento a maior ou em duplicidade;
- Falso pagamento de tributos e multas;
- Liberação/doação de bens ou materiais da empresa;
- Clonagem de documentos;
- Contratos fraudulentos;
- Alteração de dados e valores;
- Venda de informações sigilosas;
- Venda de segredos comerciais ou industriais;
- Aplicações fraudulentas;
- Pagamentos ou descontos indevidos;
- Venda ou aquisição irregular, sem autorização;
- Falsificações diversas (cheques, nota fiscal, apólices, carimbos, dados, valores, assinaturas, datas etc.);
- Uso indevido da autoridade para cometer irregularidades;
- Sinistros fictícios.

11.3. Comportamentos Habituais do Fraudador

As empresas pesquisadoras acima citadas, analisando o comportamento dos fraudadores, conseguiram identificar uma série de atitudes, sendo que algumas, por certo, poderão causar estranheza ao leitor:

- Pessoa amável e solícita;
- Respeitada e querida pela maioria dos colegas;
- Humilde e subserviente;
- Bajulador (puxa-saco) dos superiores;
- Vibra e comenta o sucesso dos colegas e superiores;
- Demonstra desinteresse material;
- Exagera nos agradecimentos;
- Demonstra sentir gratidão;
- Minucioso em prestar contas;
- Promove ações comemorativas e sociais (festas, listas, rifas);
- Recusa receber prêmios, diplomas e homenagens;
- Protela tirar férias integrais;
- Faz horas extras em demasia;
- Recebe visitas constantes (cobradores, agiotas, vendedores etc.);
- Tendência a centralizar seu trabalho;
- Mente dizendo que recebeu prêmios e heranças.

11.4. Vítimas da Fraude

Não é só a empresa que sofre as consequências da fraude. Existem pessoas, entidades e organizações que também são impactadas pela ação danosa do fraudador. Vejam a seguir:

- Pessoa física (colegas, contratados, estagiários etc.);
- Donos, sócios, acionistas ou cotistas;
- Administração em geral;
- Clientes;
- Fornecedores;
- Revendedores;
- Franqueados;
- Bancos;
- Governo;
- Comunidade;
- Prestadores de serviço;
- Órgãos arrecadadores de tributo.

11.5. Fatores Causadores da Fraude

As variáveis que motivam ou contribuem para a ocorrência da fraude não advêm somente dos autores da ilegalidade. Há outros fatores ou condições que propiciam o seu aparecimento:

- Inadequação, fragilidade ou insuficiência dos controles internos;
- Desorganização da empresa;
- Má divulgação das normas e regulamentos da organização;
- Deficiência na supervisão dos trabalhos;
- Ausência de normas e/ou políticas inibidoras de fraude.

11.6. Motivação do Fraudador

Embora não se tenha um profundo e completo diagnóstico psico-sociológico sobre as razões que levam o fraudador a realizar atos indevidos e ilegais, não se pode negar que devem existir fatores ou variáveis relacionados à perda dos valores éticos, morais e sociais que o motivam, seduzem ou impulsionam a exercitar tais comportamentos. As informações mais usuais recolhidas em pesquisas, apontam:

- Obter ganhos financeiros, facilidades ou favores especiais.
- Compulsão (inconsciente) em ser um ganhador.
- Demonstrar ser mais esperto que outras pessoas.
- Influência cultural (lei de Gérson).
- Demonstrar sua criatividade (maquiar, falsificar, trapacear, iludir etc.).
- Sentir-se inteligente por vencer barreiras e controles.
- Conquistar *status* social.
- Melhorar condições de vida.
- Ausência de consciência pesada.
- Compulsão à aventura e ilegalidade.
- Hábitos sociais acima do normal (carro importado, festas suntuosas, viagens ao exterior, joias valiosas).
- Sentir-se injustiçado pelo gerente ou pela empresa.
- Situações impactantes, traumáticas ou inesperadas (doença familiar, perda de imóvel, separação conjugal, morte de ente querido, acidentes, ajuda a parentes).
- Gastos extraconjugais.
- Pressão de familiares, colegas e amigos.
- Vícios (drogas, álcool, apostas, boemia, comprador compulsivo).
- Dívida de jogos (cassino, loteria, corrida de cavalo).

- Endividamento e/ou incapacidade de obter ajuda (bancos, família, colegas, cooperativa de crédito etc.).
- Dificuldade de compartilhar problemas financeiros com outras pessoas.
- Cobranças judiciais (prestações atrasadas, pensão alimentícia, seguro, aluguel etc.).

11.7. Áreas de Recursos Humanos Tendentes à Fraude

Levando em conta as ocorrências mais frequentes, identificaram-se as atividades abaixo como as mais factíveis de ocorrerem fraudes na área de RH:

- Contratação de instrutores, palestrantes, conferencistas, consultores e consultorias;
- Recrutamento e seleção;
- Folha de pagamento;
- Indenizações trabalhistas;
- Horas extras;
- Compra, aluguel de materiais e equipamentos para T&D;
- Abonos, faltas e licenças;
- Guias de recolhimento de tributos;
- Reembolso e descontos;
- Promoções e alterações salariais;
- Benefícios e vantagens extrassalariais;
- Contas/recolhimentos de FGTS, PIS/PASEP;
- Cumprimento de acordos e dissídios;
- Requisição e uso de cheques;
- Depósitos judiciais;
- Contratação de mão de obra;
- Contratação de serviços (transporte, gráfica, alimentação, limpeza, conservação);
- Vale-transporte;
- Vale-refeição;
- Cesta básica;
- Marcação de ponto;
- Controle de faltas, férias e horas extras;
- Desvios e atrasos em pagamentos e reembolsos;
- Emissão de guias de recolhimento de tributos;
- Declaração, atestados, diplomas, certificados e certidões;
- Reclamações trabalhistas e sindicais;
- Alimentos em geral (restaurante).

11.8. Triângulo da Fraude

Um avanço no estudo das fraudes deve-se ao especialista americano Donald R. Cressey que, em 1950, realizou uma pesquisa na qual foram entrevistadas, durante cinco meses, 250 pessoas que tinham cometido os mais diversos tipos de fraude. Finalizadas as entrevistas, ele começou a analisar todas as razões ou justificativas expostas pelos fraudadores participantes desse estudo. O resultado de seu trabalho levou-o à conclusão de que a fraude tem três elementos ou motivos determinantes. Daí chamar o seu modelo de Triângulo da Fraude.

Esses três componentes são:

- 1.º PRESSÃO (ou MOTIVO): termo que, para ele, explica que a pessoa que comete fraude deveria estar passando por sérios problemas financeiros de difícil solução, razão pela qual não podiam ser compartilhados com outra pessoa de sua família ou de seu convívio habitual;
- 2.º OPORTUNIDADE: representa o conhecimento e a consciência de que o fraudador poderia resolver esses problemas, disfarçada ou secretamente, por uma violação da confiança ou consideração de que seus colegas tinham depositado nele;
- 3.º RACIONALIZAÇÃO: representa a capacidade de sublimação ou consciência de que sua conduta não o deixaria com a mente pesada. Ainda que cometesse uma ação delituosa, ele não se via como criminoso, daí não sentir qualquer peso de consciência.

Embora a novidade dessa teoria tenha dado um impulso ao estudo da fraude, seus críticos diziam que esse modelo não explica totalmente o problema, porque há a presença de dois componentes — pressão e racionalidade — que são fatores subjetivos, sendo assim muito difícil de serem observados na realidade.

11.9. Diamante da Fraude

Anos depois, o modelo do Triângulo das Fraudes, além de críticas, sofreu muitas alterações nesses três fatores, chegando alguns a incluir um 4.º elemento.

Com esse pensamento, apareceram, em 2004, David T. Wolfe e Dan R. Hermanson que incorporaram um 4.º elemento ao triângulo, chamado CAPACIDADE, transformando, assim, o Triângulo em Diamante da Fraude.

Para esses autores, esse modelo vai se ajustar tanto ao fraudador acidental como também ao fraudador experiente (= predador), que pratica constantemente atos ilegais e não se intimida diante das oportunidades que lhe são apresentadas.

A explicação para esse novo fator é que a oportunidade representa a porta de entrada da fraude, mas o fraudador deve ter a Capacidade de atravessá-la usando seus conhecimentos, habilidades e competências pessoais. Por essa razão, Wolfe e Hermanson definiram que o fator capacidade suscita a presença de quatro características básicas no cometimento de fraudes:

1.ª Posição do infrator num posto de responsabilidade.

2.ª Habilidade para entender, explorar e romper os controles internos.

3.ª Autoconfiança de que não será detectado e, se isso ocorrer, usará sua astúcia para superar o problema com facilidade.

4.ª Administrar o conflito interno ou estresse, gerado em sua consciência, ao fazer algo reprovável.

11.10. Ações Pró-Ativas contra a Fraude

A fraude é um desafio constante para qualquer organização e qualquer país, pois ela se torna, a cada dia, mais complexa e uma ameaça constante aos recursos da empresa, principalmente em relação à crescente fraude cibernética.

As pesquisas citadas revelam que as organizações correm menos riscos quando adotam medidas de detecção e prevenção de fraudes, tais como:

- Rotatividade de pessoal (*job rotation*);
- Treinamento de pessoal;
- Segurança na área de TI (tecnologia da informação);
- Sensibilização gerencial;
- Aperfeiçoamento dos controles internos;
- Gerenciamento de riscos;
- Melhoria na gestão;
- Controle de processos operacionais e administrativos;
- Ampliação da supervisão e controle;
- Criação de código de ética ou de conduta;
- Auditoria externa;
- Auditoria interna permanente/frequente;
- Observação de comportamentos anormais de empregados;
- Fiscalização de atividades de maior risco;

- Reforço no sistema de segurança física (estoques, venda, dinheiro, transporte, produção);
- Monitoramento do sistema de informações;
- Eliminação/redução de nepotismo;
- Segregação de funções;
- Política de prevenção e apuração de fraudes;
- Controle de limites de autoridade;
- Criação de comitê de ética ou de auditoria;
- Combate ou ação contra a impunidade;
- Aperfeiçoamento da segurança patrimonial (entrada e saída de materiais);
- Ação corretiva e preventiva para cada fraude ocorrida;
- Criação de canal de denúncia;
- Fiscalização fora de rotina (não programada);
- Conhecimento melhor de parceiros e terceirizados;
- Atenção às ameaças ou inseguranças internas;
- Aconselhamento a empregados não guardarem dinheiro, joias, telefones e valores na empresa;
- Conhecer e eliminar/reduzir os pontos frágeis de controle;
- Rigor na pesquisa/investigação social de novos empregados;
- Instalação de câmeras de filmagem;
- Integração entre a auditoria interna e a externa;
- Revisão/inspeção periódica dos controles internos;
- Restrições de acesso a determinadas informações e lugares (tesouraria, almoxarifado, expedição, área de pagamento, cadastro, operações sigilosas/inovadoras/confidenciais);
- Existência de políticas/normas de prevenção de fraudes.

12. Qualidade em Serviços (RH)

Tanto no campo da Economia como na Qualidade, o resultado de um trabalho se divide em duas categorias: bens ou serviços. Bens, também conhecido como produtos ou mercadorias, é tudo aquilo de caráter material ou palpável (sabonete, bola, brinquedo, carro, refrigerador, cadeira, copo etc.). Já os serviços são imateriais, isto é, intangíveis (garantia, seguro de um carro, massagem, venda, viagem, lavagem, transporte, terapia, corte de cabelo, aula, manutenção etc.).

Isso revela que as atividades de recursos humanos são, essencialmente, uma prestação de serviços.

Essa identificação é muito importante porque os especialistas declaram que a área de serviços é mais desafiante e mais difícil de ser avaliada que a de produtos (bens), pois nela há uma grande carga psicológica e cultural pela presença contínua do cliente junto do fornecedor.

Os serviços têm características próprias, tais como:

- Relação direta (constante) entre o cliente e o fornecedor;
- Por ser imaterial, não tem proprietário;
- Não pode ser guardado ou estocado;
- Não há separação entre produção e consumo porque ambos ocorrem simultaneamente;
- Dificuldade de avaliar a qualidade devido à subjetividade e à individualidade de cada cliente;
- Desempenho heterogêneo, sendo difícil repetir o mesmo desempenho (p. ex., viagem, atendimento ao cliente);
- Durante a prestação do serviço há interferência constante do cliente em sua realização;

- Dificuldade de padronizar preços/valores face a subjetividade dos serviços e da satisfação dos clientes (p. ex., manicure, maquiagem, massagem, terapia).

13. Modelo Proposto de Auditoria

A metodologia que propomos pode ser sintetizada no modelo sistêmico mostrado abaixo. Inicialmente, aparece como *input* a matéria-prima mais importante da empresa — as pessoas — sustentada por uma estrutura de RH e influenciada pela filosofia/cultura da qualidade. Como instrumental facilitador do processo, teremos um *ckecklist* com quesitos que permitirão o estudo, observação, análise, discussão e avaliação dos RH por meio de quatro etapas (planejamento, execução, pós-auditoria e monitoramento). Obviamente, esse processo sofre o impacto, positivo (impulsionador) e negativo (restritivo), das variáveis internas e externas, que não são poucas, como apontadas abaixo:

Variáveis Internas (Endógenas)

- Crenças e valores;
- Moral;
- Clima organizacional/gerencial;
- Condições de trabalho;
- Processo e ritmo de trabalho;
- Capacitação dos empregados;
- Estrutura organizacional, funcional e salarial;
- Políticas institucionais;
- Nível cultural e educacional;
- Padrão tecnológico da empresa.

Variáveis Externas (Exógenas)

- Mercado de trabalho;
- Legislação trabalhista, social e previdenciária;
- Leis, decretos e regulamentos;
- Conjuntura econômico-social-política;

- Condições climáticas e geográficas;
- Padrão cultural da comunidade;
- Sindicatos e associações de classe;
- Facilidade/dificuldade (transporte, custo de vida, moradia, abastecimento etc.);
- Densidade populacional;
- Entidades reguladoras e fiscalizadoras;
- Nível de concorrência.

Apesar da presença dessas variáveis, as quatro etapas do processo de auditoria conseguirão mostrar/revelar o estágio atual dos RH da empresa. Terminadas essas quatro etapas, vamos identificar os pontos fortes, fracos e diversas outras fragilidades e, por meio de um Plano de Ação adequado, serão implementadas ações corretivas e preventivas de melhoria. O resultado dessas ações gerará o *output* desejado/esperado/programado, trazendo resultados positivos em curto e longo prazo (kaizen).

Modelo de Auditoria

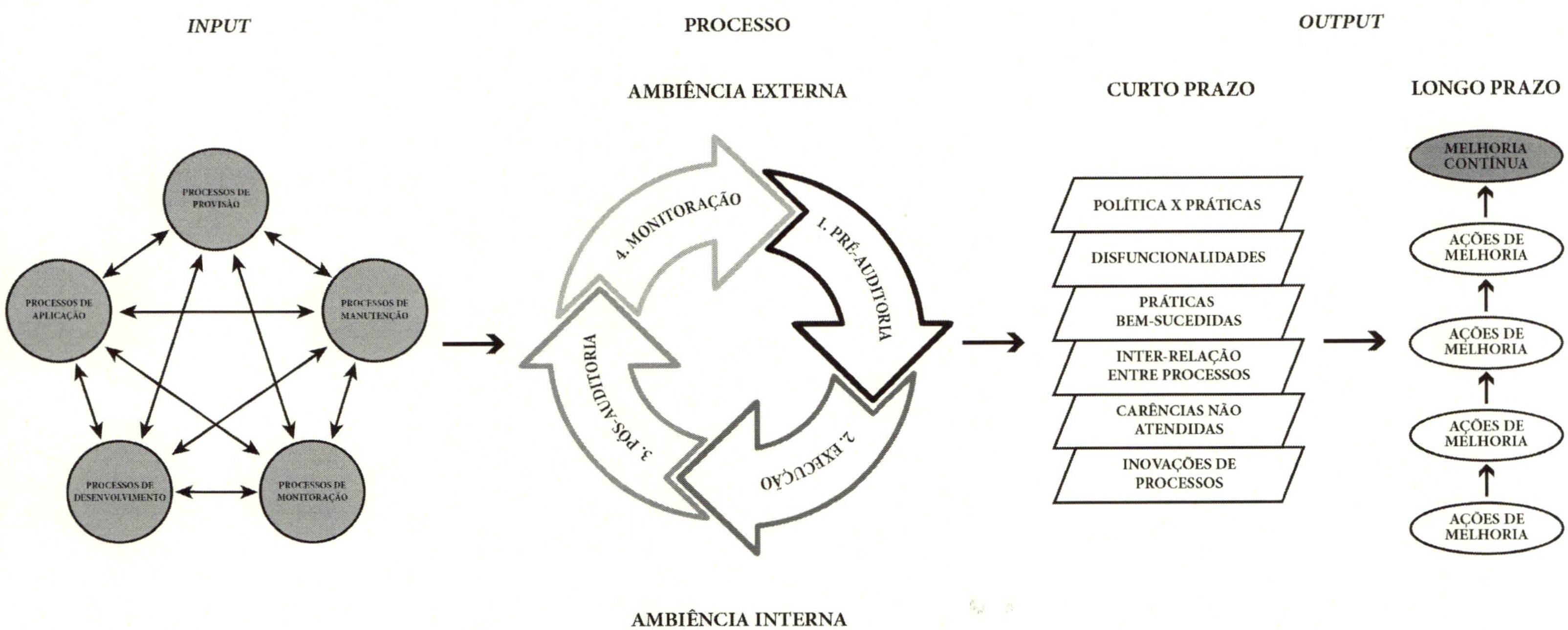

14.

Fases da Auditoria

A efetivação do processo de auditoria é desenvolvida por meio de um conjunto de fases ou etapas que têm o objetivo de analisar a normalidade/regularidade das atividades, verificando e avaliando a eficiência e eficácia da gestão e dos resultados alcançados com o objetivo de apresentar subsídios para melhoramento e aperfeiçoamento dos controles internos e dos procedimentos administrativos.

Assim, para desenvolver esse processo, normalmente passamos por quatro fases ou etapas: Planejamento, Execução, Relatório e Monitoramento de ações corretivas.

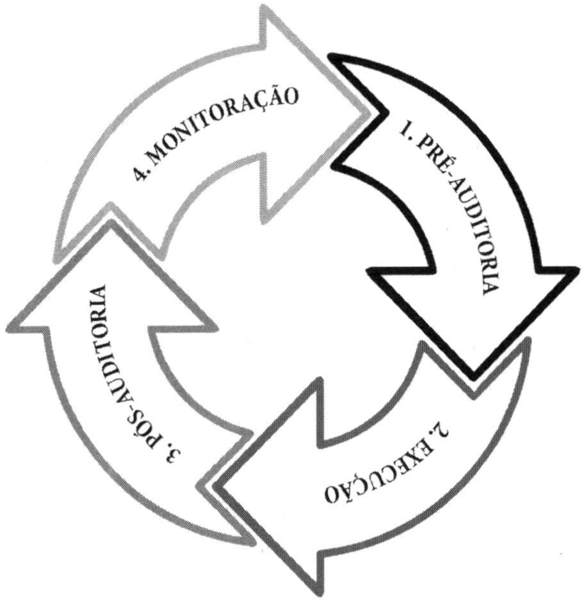

14.1. Planejamento (ou Pré-Auditoria)

É a fase inicial ou introdutória da auditoria, também conhecida como pré-auditoria, plano de auditoria ou programa de auditoria.

Para alguns, esta é fase mais importante do trabalho de auditoria, pois todas as seguintes dependem de um bom planejamento inicial.

O Planejamento é uma atividade técnico-administrativa na qual se determina, antecipadamente, quais os objetivos a serem alcançados e quais recursos, instrumentos, fontes de informação e ações devem ser realizadas para atingir os objetivos esperados (estratégicos e operacionais) ao menor custo possível.

Toda atividade de planejamento de auditoria pressupõe, necessariamente, o conhecimento das principais atividades do órgão sob análise, aspectos normativos e legais, principais processos e a atuação das pessoas (funcionários e gestores) que utilizam os recursos da empresa: matéria-prima, dinheiro, tempo, oportunidade, espaço, energia, equipamentos etc.

É, portanto, a etapa de trabalho em que o profissional define e estabelece a estratégia geral a ser seguida no órgão auditado, discrimina a natureza, a oportunidade, os riscos e as metodologias a serem empregadas no sentido de preparar toda a estrutura básica do trabalho de auditoria.

Por ser uma etapa de natureza preparatória, deve-se prever todos os detalhes sobre o órgão em análise, definir os tipos de ações a serem desenvolvidas, critérios e metodologias a serem seguidas, período e duração do trabalho e todos os recursos necessários e disponíveis para que se possa elaborar um cronograma adequado para cada situação.

Por meio de estudos, pesquisas e levantamento podemos conhecer as necessidades e carências do órgão a analisar,

delimitar o que se quer realizar, definir diretrizes e prioridades, alinhá-las aos objetivos estratégicos da organização, conhecer as facilidades e recursos disponíveis, prever a flexibilidade necessária para contornar possíveis barreiras e situações imprevistas ou sazonais que possam ocorrer durante as diversas fases da auditoria.

14.1.1. Conselhos Úteis

Existe uma relação imensa de cuidados, recomendações e ações que devem ser observadas nessa fase, destacando-se as seguintes:

- Definir o objetivo e escopo do trabalho;

- Cronograma, contendo tempo previsto e duração;
- Definição de papéis e atribuições do líder e demais auditores;
- Identificação de áreas, setores ou processos a serem avaliados;
- Padrões e requisitos de confidencialidade do trabalho;
- Programação das reuniões diárias;
- Métodos de trabalho de análise, observação e avaliação;
- Definição da metodologia de amostragem;
- Estabelecer objetivos desejados;
- Preparar uma auditoria-piloto;
- Testar a eficácia do planejamento;
- Levantar possíveis dificuldades, barreiras e limitações;
- Identificar possíveis áreas de risco ou dificuldade;
- Identificar fatores internos e externos que possam interferir nos trabalhos (greves, passeatas, comemorações, festividades etc.);
- Conhecimento prévio de legislação interna e externa aplicáveis;
- Definir os cuidados e a metodologia a ser utilizada;
- Conhecimento prévio do órgão a ser auditado: localização, instalações, produtos e serviços, mercado, clientela, fornecedores, normas operacionais, sistema de informação etc.;
- Identificar principais sistemas de controle;
- Previsão de local e pessoal de apoio;
- Orientação e supervisão do pessoal de apoio;
- Pessoas que servirão de contato e de apoio administrativo;
- Necessidades de apoio administrativo: sala, telefone, computador, transporte, refeição, reprodução e digitação de documentos;
- Minuta de notificação ao órgão a ser auditado;
- Contato e orientação à equipe de auditores;
- Elaborar e explicar o *checklist*;
- Familiarizar-se com o órgão a ser auditado;
- Estudar e analisar o material e a documentação do órgão;
- Verificação dos fluxos e processos de trabalho;
- Tomar conhecimento de relatórios e auditorias anteriores;
- Definir a missão e responsabilidade de cada auditor;
- Programar as reuniões diárias entre auditores;
- Analisar possíveis interfaces setoriais ou administrativas;
- Elaborar o formulário para documentar não conformidades;
- Definir os critérios e abordagens das entrevistas;
- Planejar a reunião de abertura da auditoria;
- Reunião preliminar com o órgão a ser auditado para apresentação da metodologia de trabalho e do plano de auditoria.

14.1.2. Aviso ao Auditado

É comum a auditoria na área contábil-financeira, dada à sua característica fiscalizadora, efetuar a avaliação sem prévio aviso ao auditado. Na área da Qualidade, já é o contrário, pois a sua filosofia recomenda transparência total em qualquer atividade. Assim sendo, tradicionalmente o auditado é avisado sobre dia e hora de início dos trabalhos de auditoria.

Na área de RH, ainda há um pequeno grupo de profissionais que pugna pela auditoria inopinada, isto é, sem prévio aviso ao auditado. Entretanto, a maior parte dos profissionais de RH advoga a adoção da maior transparência possível nas atividades de auditoria, razão pela qual propõe o aviso-prévio e formal dos trabalhos de auditoria ao auditado.

A justificativa desse procedimento, além da manutenção da transparência, é de que a auditoria não pode/deve ter enfoque punitivo, fiscalizatório ou de procurar culpados. Seu objetivo é, acima de tudo, educativo, entendendo cada disfunção encontrada como uma oportunidade de melhoria ou aperfeiçoamento das atividades/processos, ampliação da experiência e do crescimento profissional.

Somente em situações excepcionais ou graves (suspeita de corrupção ou fraude, denúncia anônima fundamentada, ações criminosas etc.) é que se admite uma avaliação surpresa, sem prévia comunicação ao auditado.

Deve-se evitar o velho paradigma de que o conhecimento prévio incentiva o auditado a encobrir, sonegar ou maquiar informações que dificultem ou impeçam a identificação de não conformidades. Pelo contrário, a revelação prévia permite que o auditado tenha tempo de se preparar e facilitar todo o trabalho do auditor, disponibilizando o acesso fácil a informações e a outros dados disponíveis.

De um modo geral, deve-se informar o auditado uma a três semanas antes do início dos trabalhos avaliatórios.

14.1.3. Elaboração de *Checklist*

Checklist é uma lista ou relação que contém uma série de informações ou itens sobre determinado assunto e cujo objetivo é evitar o esquecimento de algum tema importante. Ele é, portanto, um instrumento de controle contendo itens que devem ser lembrados.

Sendo um guia, ele serve para lembrar coisas (fatos, materiais, documentos, comportamentos, processos etc.) ou então a sequência ou o passo a passo de um processo qualquer a ser investigado ou avaliado. Para que ele seja correto e útil, é necessário atentar para algumas considerações:

- Utilizar frases curtas, focando o item mais importante, evitando, assim, detalhes, pois eles não expressam procedimentos;
- Usar termos simples, mas precisos, para facilitar o entendimento;
- Resumir a pergunta a um intervalo de três a dez palavras;
- Usá-lo como lembrete de pontos críticos;
- Testá-lo uma ou mais vezes para poder aperfeiçoá-lo, antes de aplicá-lo efetivamente.

Dependendo do objetivo e da natureza do assunto analisado, o *checklist* tem várias formas de redação, tais como:

a. Seguir a forma tradicional, usando frases inquisitivas ou questionadoras sobre certos assuntos, terminando a pergunta com um ponto de interrogação.

P. ex., Apagou(ar) a luz ao sair da sala? (verbo no indicativo ou no infinitivo).

b. De forma mais simples (não usando verbos), citando ou apontando o item que se quer avaliar.

P. ex., funcionamento do sistema sonoro de alarme de incêndio.

c. Apontar com o mínimo de palavras o item que se quer focar, como se fosse um simples lembrete.

P. ex., passaporte, dólar, roupa de frio (quando vamos viajar).

Relativamente à forma de avaliação, encontramos também várias maneiras de respostas aos questionamentos:

- Sim (S) ou Não (N);
- Certo (C) ou Errado (E);
- Conforme (C) ou Não Conforme (NC);
- Respostas adjetivas (ótimo, bom, normal, regular e deficiente/ inexistente);
- Respostas numéricas (1 a 5 / 1 a 10);
- Respostas adjetivadas conforme o PNQ (Prêmio Nacional da Qualidade): procedimento adequado (PA), procedimento parcialmente adequado (PPA) e procedimento inadequado ou inexistente (PI).

Sugerimos a utilização desses últimos três níveis de avaliação para as empresas incipientes e que ainda não tenham um RH completamente atuante ou desenvolvido, bem como para aquelas que nunca tiveram uma experiência em auditoria de RH. Elas notarão, nas primeiras auditorias, uma grande incidência de procedimentos ainda não plenamente implantados (PPA), como também uma grande constatação de não conformidades (PI).

Para acolher todos os indicadores de RH, utiliza-se um instrumento de registro ou anotação chamado Instrumento de Registro (IR), também conhecido como *checklist* (ou lista de verificação), que receberá as apreciações do auditor.

Nesse formulário, que será o referencial de indicadores, constam os seguintes itens informativos:

- Subsistema: espaço destinado a registrar o nome de cada um dos cinco subsistemas de RH.
- Sumário: contém a síntese dos objetivos ou missão de cada subsistema, bem como a citação das suas principais funções (p. ex., recrutamento, seleção, remuneração, treinamento etc.).
- Referências Básicas: citação de normas, regimentos, regulamentos, circulares, manuais, leis e outros referenciais que disciplinam e/ou orientam as atividades auditadas (CLT, NRs, Previdência Social etc.).
- Pontos de Controle ou Quesitos de Avaliação: são uma coletânea de frases que representam indicadores de desempenho que serão avaliados pelo auditor, em relação ao grau maior ou menor de atendimento ao quesito (bom, regular, ruim etc.).
- Avaliação: é a manifestação de uma mensuração (sob forma conceitual) em relação ao grau maior ou menor de atendimento ao quesito (bom, mau, ruim etc.). Reservou-se neste formulário uma coluna destinada a lançamento da avaliação do auditor sobre cada um dos quesitos avaliados: PA, PPA ou PI. Essa apreciação é de extrema importância, pois é aí que o auditor deverá definir, entre as três alternativas, aquela que melhor reproduz ou mais se aproxima da situação real das práticas de gestão analisadas.
- Comentários: é o último item do formulário no qual há um espaço destinado para o auditor registrar qualquer destaque, observação ou comentário (positivo ou negativo) que se refira a um ou mais quesitos auditados. Quando o comentário do auditor for extenso, usar o verso do formulário.

Veja a seguir um exemplo de *checklist*.

INSTRUMENTO DE VERIFICAÇÃO (CHECKLIST)

SUBSISTEMA 1: PROVISÃO DE RECURSOS HUMANOS

SUMÁRIO: Compreende uma variedade de atividades, rotinas, procedimentos e processos relacionados à permanência das condições que estimulam a atração e escolha de novos colaboradores que se adaptem ao perfil desejado pela organização. Abrange, normalmente, as funções de planejamento de RH, acompanhamento do mercado de trabalho, recrutamento, seleção, investigação social, admissão e integração social.

REFERÊNCIAS BÁSICAS: Normas, procedimentos, regulamentos e políticas de pessoal, Consolidação das Leis do Trabalho (CLT), Normas Regulamentadoras (NRs), decisões emitidas por órgãos superiores do trabalho (DRT, TST), Normas, Portarias, Decretos e Leis e outros documentos legais que regulam as relações trabalhistas.

PONTOS DE CONTROLE (Indicadores)	(*)
PLANEJAMENTO DE RECURSOS HUMANOS 1. Alinhamento do planejamento de recursos humanos ao plano estratégico da empresa. 2. Normas/rotinas sobre previsão/estimativa de mão de obra futura (direta ou indireta). 3. Existência de mapas/inventário de substituições, ou previsão de novas vagas (promoção, demissão, aposentadoria, ampliações, restruturações, licenças etc.). 4. Sistema/processo de acompanhamento regular do fluxo de movimentação de empregados (saídas, entradas, transferência, requisição, promoção, demissão etc.). 5. Existência de normas ou políticas de promoções (verticais e horizontais). 6. Equipe capacitada para planejar redução de mão de obra decorrente de redução de atividades, situações sazonais ou impacto tecnológico. 7. Definição/priorização de fontes supridoras de mão de obra (mercado, escolas técnicas, faculdades, sindicatos, associações de classe, agências de emprego etc.). 8. Existência de critérios sobre dimensionamento do quantitativo de pessoal/força de trabalho. 9. Rotina institucional/padronizada sobre critérios e autorização para abertura de vagas. 10. Existências de justificativas sobre preferências de execução/condução de processo seletivo (própria empresa, consultoria externa, agência de emprego, faculdade, sindicato etc.). 11. Existência de previsão orçamentária para novas admissões.	

PLANEJAMENTO DE RECURSOS HUMANOS (Continuação) 12. Observância de cumprimento de obrigações/cotas legais no processo de admissão (deficientes físicos, menores, estagiários, surdo mudo, outras deficiências). 13. Cumprimento de exigências/requisitos legais e/ou normativos para ocupação do cargo (escolaridade, sexo, idade, experiência, registro no conselho de classe, habilitação etc.). 14. Existência de cadastro/inventário do quadro de pessoal da empresa. 15. Critérios/definições sobre o uso do cadastro de reserva de candidatos a empregos. 16. Sistema adequado de informação aos empregados sobre abertura de processo seletivo.	
(*) PA = Práticas Adequadas PPA = Práticas Parcialmente Adequadas PI = Práticas Inadequadas ou Inexistentes NA = Não se Aplica ao item analisado	
COMENTÁRIOS: Use o verso da página	

14.2. Execução

Esta fase, também conhecida como "exame", "trabalho de campo", "condução da auditoria" ou "auditoria propriamente dita", é uma etapa em que se coletam dados e informações, procedem-se a exames, contagens, medições, constatações e verificações. É nesse momento que são realizados contatos com pessoas, coleta de informações e exames da ambiência física (salas, instalações, *layout*, equipamentos, arquivos, relatórios, documentos em geral etc.). É aí que se iniciam as atividades de coleta dos dados e evidências mais importantes que vão consubstanciar o relatório de auditoria.

Pode-se, de forma didática, destacar três momentos na pesquisa de campo:

a. Reunião de abertura: consiste numa breve reunião inicial no órgão auditado realizada em dia e local predefinido de comum acordo com o auditado, constituída das seguintes atividades:

- Conversa amena, visando aliviar as tensões e nervosismo do primeiro momento do contato. É o famoso "quebra gelo", tão conhecido nas hostes de RH.
- Apresentar os membros da equipe de auditoria.
- Apresentar o escopo e objetivo do trabalho.
- Explicar/esclarecer que não se pretende fiscalizar, inspecionar ou exercer policiamento, mas sim analisar a eficácia e eficiência

de cada processo/subsistema para identificar oportunidades de melhoria.
- Fazer um sumário da metodologia e dos procedimentos a serem realizados pelos auditores.
- Solicitar o apoio, os meios necessários e a indicação das pessoas de contato com os auditores.
- Constatar a existência dos meios e recursos necessários para a instalação da equipe de auditoria (sala, mesa, cadeira, telefone, computador, transportes, facilidades etc.).
- Apresentar/discutir o cronograma de trabalho.
- Esclarecer dúvidas ou questionamentos dos presentes na reunião.
- Combinar a data da reunião de encerramento.

b. Visita aos locais a serem avaliados: realizar uma rápida visita às dependências a serem auditadas para ter uma visão rápida dos processos, facilidades e possíveis dificuldades a serem enfrentadas.
c. Condução da auditoria: realização prática da auditoria, contatando pessoas, analisando processos/documentos e coletando evidências, seguindo a programação de trabalho e usando, de preferência, um *checklist*, para servir de guia de trabalho.

14.2.1. Cuidados na Execução

Por se tratar de uma fase delicada, em que o aspecto técnico e comportamental será exercitado constantemente, elabora-se um elenco de orientações e cuidados a serem tomados em relação a vários aspectos atinentes aos processos auditados. Como medida acautelatória, é comum seguir alguns conselhos, orientações e cuidados que, normalmente, são lembrados aos componentes da equipe de auditoria:
- Toda apreciação ou avaliação deve se basear, exclusivamente, nas evidências objetivas, isto é, fatos ou informações reais, concretas e comprovadas. Nunca se deve fundamentar qualquer posição ou conclusão baseando-se em suposições, opiniões pessoais ou comentários de terceiros, pois tudo isso são inferências.
- O auditor dever reconhecer que sua missão — particularmente na área de Recursos Humanos — é eminentemente educativa e contributiva, razão pela qual não deverá ficar à procura obsessiva de "não conformidades" (irregularidades, erros, disfunções, incorreções, coisas erradas ou ilegais). É importante destacar, também, pontos fortes ou aspectos positivos encontrados durante

a auditoria (facilidades de controle, procedimentos desburocratizantes, inovações e melhorias, economia de recursos, otimização de materiais, controles eficientes, utilização de informática, otimização de *layout* etc.), pois além de materializar referenciais de excelência, podem servir como fator de motivação e agente de elevação da autoestima das pessoas que trabalham nos órgãos auditados.

- A equipe de auditoria deve conhecer previamente a maioria das atividades desenvolvidas no setor a ser auditado. Para isso, é necessário tomar conhecimento de normas, organogramas, regulamentos, fluxogramas, fluxos de processos, relatórios e estudos realizados anteriormente.
- O *checklist* ou a lista de referência deve ser conhecida previamente por todos os componentes da equipe de auditoria, tirando-se quaisquer dúvidas ou esclarecimentos necessários a seu pleno entendimento.
- Toda observação ou inspeção deve ser realizada, sempre que possível, no próprio local onde são realizados os trabalhos (gabinetes, corredores, oficina, escritório, almoxarifado etc.).
- Por uma questão de educação e respeito, deve-se "pedir licença" ao responsável pelo órgão a ser auditado antes de iniciar os trabalhos de entrevista e coleta de dados, bem como deve-se "agradecer" ao final dos trabalhos.
- É extremamente importante que as constatações sejam feitas com a presença conjunta de auditor e auditado para que se reconheçam como verdadeiras por ambas as partes e que não haja dúvidas, polêmicas, reclamações ou contestações ao final do trabalho (relatório).
- Os dados e informações devem ser coletados de maneira a não interromper (sempre que possível) as atividades desenvolvidas na área auditada.
- Constatações adversas graves (ilegalidades, erros grosseiros, furtos, fraudes, corrupção, chantagens, conluio, extravios, descontroles, arbitrariedades, desvios, inseguranças, fragilidades, desperdícios grandiosos etc.) devem ser comunicadas, no tempo mais breve possível, ao auditor-líder.
- Estar preparado para enfrentar possíveis atividades de "contra-auditoria", ou seja, artifícios ou artimanhas do pessoal auditado que possam, direta ou indiretamente, prejudicar o bom andamento dos trabalhos.

- Usar tratamento discreto e linguagem simples e acessível ao auditado, evitando linguajar empolado, querendo demonstrar altivez técnica, muito conhecimento ou muita competência.
- Apresentação pessoal adequada (roupas, calçados, penteado, corte de cabelo, maquiagem) discreta e dentro do padrão normal da comunidade.
- Para evitar constrangimentos ou surpresas desagradáveis para ambas as partes, quando houver necessidade de acessar qualquer móvel, gaveta ou utensílio, pergunte antes ao usuário se pode abri-lo ou acessá-lo, pois podem existir pertences particulares (dinheiro, joias, documentos) ou íntimos dos empregados. Se tiver de tocar ou mexer em algo, é melhor pedir ao usuário para fazê-lo ou faça você mesmo, mas tendo o cuidado de fazê-lo na presença de outras pessoas (nunca sozinho).
- Deve-se evitar quaisquer comentários negativos, depreciativos ou desabonadores sobre pessoas, atividades ou órgãos auditados, pois além de serem deselegantes e antiéticos, quase sempre provocam ressentimento, revolta, polêmica ou desentendimento.
- Evitar, de qualquer forma, discutir, ridicularizar ou entrar em polêmica com a pessoa da área auditada, mesmo que ele não tenha razão.
- Deve-se, também, evitar dar explicações sobre o "que" e "como" deveria ser feito qualquer trabalho, processo ou atividade auditada. Lembre-se de que o Auditor tem função diferente da de Consultor.
- Os auditores, em suas anotações, devem também registrar e destacar aspectos positivos e ações inovadoras encontrados/constatados em sua análise.
- Em sua observação, procurar utilizar o princípio de Pareto, concentrando sua atenção naquilo que é "vital" (importante) — geralmente pouco — e evitando fixar-se em coisas "triviais" (desnecessárias, secundárias), que geralmente são muitas.
- Evitar, veementemente, fazer comentários comparativos entre pessoas, processos ou órgãos (internos ou externos), pois isso não produz efeito positivo, levando, pelo contrário, a polêmicas e ressentimentos.
- Após realizar a auditoria em cada setor, procurar fazer uma revisão imediata do que foi anotado para ver se não esqueceu de assinalar alguma informação ou deixou de avaliar algum item ou requisito constante do *checklist*. Se, por acaso, tiver alguma dúvida ou

omissão, voltar novamente ao local auditado para complementar as informações faltantes.

- Uma vez terminada a atividade diária de auditoria, os membros da equipe devem se reunir ao final do expediente — por volta de 30 a 60 minutos — para consolidar suas avaliações, tirar dúvidas e discutir percepções diferentes sobre algum assunto auditado. É um momento também de troca de informações e discussões sobre problemas ou dificuldades comuns aos auditores. Se essa reunião for protelada para outro dia, corre-se o risco do esquecimento de algumas informações e a possiblidade de aumentar divergências ou pontos de vista diferentes entre os auditores. É, acima de tudo, uma reunião de normalização e consenso.
- Por uma questão de ética (conflito de interesses), os membros da equipe de auditoria interna não devem participar de auditoria em sua área original de trabalho.
- Ao final da auditoria em cada órgão, deve-se fazer uma reunião com os responsáveis pela área auditada, dando-lhes uma visão geral dos principais pontos observados e que serão relacionados no relatório final de auditoria.
- Caso haja divergências nessa reunião, procurar esclarecer melhor o assunto questionado, dando as explicações devidas ao responsável pelo órgão auditado.

14.2.2. Amplitude da Auditoria de Rh

Analisamos de forma mais abrangente o macrossistema de RH, considerando-o como constituído por cinco subsistemas, que é a forma mais utilizada pelos profissionais da área:

- Subsistema de provisão;
- Subsistema de aplicação;
- Subsistema de manutenção;
- Subsistema de desenvolvimento;
- Subsistema de monitoramento.

Para que se entenda melhor a abrangência desses cinco subsistemas, apresentamos a seguir a definição de cada um e as atividades normalmente neles incluídas:

I. Subsistema de Provisão

É constituído por um conjunto de processos relacionados ao suprimento de seres humanos na organização e que envolve, normalmente, as seguintes atividades ou funções:

- Planejamento de RH;
- Mercado de trabalho;
- Recrutamento e seleção;
- Admissão;
- Integração social;
- Determinação da força de trabalho;
- Fontes de recrutamento.

II. Subsistema de Aplicação

Representado por um grupamento de processos atinentes à utilização adequada dos recursos humanos, compreendendo, habitualmente, as seguintes atividades ou funções:

- Arquitetura (ou delineamento) de cargos;
- Análise e descrição de cargos;
- Perfil e especificação de cargos;
- Avaliação de cargos;
- Administração de pessoas (departamento de pessoal);
- Encadeamento de cargos (carreira).

III. Subsistema de Manutenção

Compreendendo um conjunto de processos ligados à permanência das condições que estimulam a fixação e continuidade dos colaboradores na organização, mantendo-os satisfeitos e motivados. Incluem-se, normalmente, nesse grupamento as seguintes atividades/funções:

- Remuneração (direta e indireta) tradicional;
- Remuneração estratégica;
- Benefícios sociais (legais e espontâneos);
- Qualidade de vida (saúde, lazer, bem-estar, condições de trabalho e segurança);
- Relações trabalhistas e sindicais;
- Pesquisas (salariais, médico-sociais etc.);
- Plano de cargos e salários;
- Higiene, saúde e medicina do trabalho;
- Alimentação do trabalhador;
- Ergonomia;
- Normas regulamentadoras (NRs);
- Gestão de riscos, perigos e acidentes.

IV. Subsistema de Desenvolvimento de Rh

Engloba um conjunto de processos responsáveis pelo crescimento e desenvolvimento pessoal, grupal, profissional e gerencial dos colaboradores, compreendendo as seguintes funções:

- Educação empresarial/corporativa;
- Ampliação e desenvolvimento de atitudes, conhecimentos, habilidades e competências;
- Realização de treinamento e desenvolvimento;
- Desenvolvimento cultural e organizacional;
- EAD (educação à distância);
- Universidade corporativa;
- Avaliação de desempenho, potencial e de competências.

V. Subsistema de Monitoramento de Rh

Constituído de diversos processos voltados a auscultar e acompanhar a gestão dos RH por meio da verificação do grau de entrosamento e articulação entre os diversos subsistemas, englobando, de um modo geral, as seguintes funções:

- Banco de dados;
- Sistemas de informação gerencial (SIG);
- Auditoria e consultoria internas;
- Clima motivacional/organizacional;
- Indicadores de desempenho (métricas).

14.2.3. Papéis de Trabalho

Em sua atividade de verificar e obter informações, o auditor vai encontrar documentos diversos ou registrar anotações que servirão de base para a elaboração do relatório de auditoria.

Os papéis de trabalho constituem a documentação ou registros formais, colhidos ou preparados pelo profissional de auditoria, que vão fundamentar seus comentários, ideias e conclusões em relação às evidências encontradas (positivas ou negativas).

Portanto, entende-se como papéis de trabalho o conjunto de anotações, apontamentos e informações (documentos, formulários, tabelas, notas fiscais, recibos, relatórios, listagens, guias de pagamento ou recebimento, recibos, contratos, diplomas, duplicatas etc.) que representam evidências, obtidas ou elaboradas, durante o trabalho de campo. Eles servem de provas confiáveis, que, por sua vez, serão entendidas como evidências objetivas.

Esse conjunto de papéis tem formatação e natureza diferentes, podendo ser:

- Guias de recolhimento ou arrecadação;
- Documentos de receita, despesa, pagamento e desconto;
- Contracheques e folhas de pagamento;
- Vale-refeição e vale-transporte;
- Diplomas, certificados, certidões, recibos e receituários;
- Mapas, tabelas, quadros, organogramas, cronogramas, listagens;
- Pesquisas, questionários, cotações e sondagens;
- Fotos, cópias, filmes, vídeos, telegramas, cartas;
- Cópias de documentos gravados em computador e outros equipamentos;
- Relatórios, planilhas e demonstrações;
- Processos e rescisões trabalhistas;
- Cópias de recibos, cheques, notas promissórias, certidões, declarações.

Entretanto, é importante esclarecer que o auditor deve ter a habilidade e percepção de que não é necessário nem prático reter ou colecionar tudo que foi observado e lido. Ele deve selecionar papéis cujo conteúdo seja relevante e que possam influenciar na sua opinião e conclusão.

Nesse sentido, os "papéis" têm caráter situacional, isto é, devem atender a cada situação pontual de trabalho e às exigências, prioridades e necessidades do auditor.

14.2.3.1. Objetivos dos Papéis de Trabalho

O objetivo principal dos papéis de trabalho é acumular provas suficientes e necessárias para caracterizar e comprovar a existência de evidências, fundamentando assim a opinião e conclusão do auditor.

Entretanto, existem muitos outros objetivos decorrentes ou complementares a esse primeiro, tais como:

- Auxiliar na execução da auditoria.
- Constituir uma coletânea de registro de evidências.
- Criar um grau de confiabilidade no serviço de auditoria e no próprio auditor.
- Servir de base para pesquisas/auditorias atuais e posteriores.
- Evitar que o auditor fundamente seu trabalho em cima de suposições (inferências).
- Facilitar o trabalho de revisão da auditoria.

- Constatar o estado atual e a conformidade dos controles internos.
- Mostrar a dimensão dos problemas e sua magnitude (administrativa, monetária, trabalhista, social, sindical etc.).

Em síntese, os papéis de trabalho constituem ou representam o testemunho do trabalho de auditoria, contendo confirmações importantes e significativas sobre as evidências, e permitem ao profissional atingir resultados e conclusões convincentes que vão fundamentar o relatório de auditoria.

Para finalizar, é importante que se diga que os papéis de trabalho podem, também, se referir a situações ou processos exitosos, que estão muito acima do esperado ou realizados adequadamente, mas em situações dificultosas/adversas (equipamentos/recursos obsoletos, falta de materiais, *layout* inadequado etc.) que merecem reconhecimento e elogios, podendo, inclusive, ser replicados para outros órgãos ou atividades da empresa e subsidiárias.

14.3. Pós Auditoria (Elaboração do Relatório de Auditoria)

Tão logo terminado o trabalho de campo (coleta de informações), o auditor deve ter uma visão clara e correta sobre o trabalho realizado, pois sua preocupação maior deverá ser na forma de transmitir os fatos, atos e processos observados e avaliados. O relatório encerra o produto final do trabalho de auditoria, pois é por meio dele que o auditor materializará o serviço realizado, mostrando à organização a situação reinante e o ponto de vista do profissional sobre a solidez ou não dos processos e controles internos da empresa.

O auditor não pode descuidar-se de suas apreciações para não desperdiçar a oportunidade de mostrar a importância de seu trabalho técnico.

O relatório é um documento formal, elaborado pelo profissional de auditoria, que demonstra e revela o resultado de exames e avaliações em determinada área da empresa (micro ou macro). A redação do relatório é, essencialmente, uma questão de divulgação ou comunicação do que foi observado na prática, pois é por meio dele que os interessados (*stakeholders*) tomarão conhecimento de todas as nuances, positivas e negativas, de um ou mais processos analisados.

Por meio da qualidade e profundidade do relatório, os dirigentes/gerentes conhecerão o produto do trabalho do auditor, tomando ciência dos pontos fortes e fracos de cada atividade, bem como das recomendações (corretivas e/ou preventivas), que uma vez implementadas, darão mais solidez aos controles internos da organização.

Considerando o relatório como um canal direto com a alta administração, o auditor não deve transformá-lo em um documento insípido e enfadonho, mas sim em uma oportunidade de mostrar algo substancial que tem a oferecer para o aperfeiçoamento e engrandecimento da organização.

Um bom relatório exige do profissional, além das competências técnicas, uma boa dose de sensibilidade, de raciocínio lógico, ponderação e, principalmente, neutralidade.

Assim sendo, o relatório deve traduzir os aspectos identificados na prática (tanto assuntos operacionais como de gestão) e apresentar recomendações construtivas ao gerente da área auditada e à alta gerência (Diretores, Superintendentes etc.) para que provoquem as providências cabíveis à correção das distorções/disfunções, desde as superficiais até as mudanças radicais. Nesse sentido, deve-se definir, de forma negociada, um prazo máximo de resposta aos aspectos reportados no relatório (o prazo de até três meses é o mais comum/usual).

Em razão desses comentários, é preciso que o auditor tome várias medidas e precauções para não jogar fora uma série de informações ricas, caso apresente enfoques indevidos, inconvenientes, trivialidades, comentários inseguros ou não convincentes, referências insignificantes e/ou alegações que não resistem à mais simples contestação, mesmo que o leitor não tenha conhecimento básico da área auditada nem do assunto objeto do relatório. É mais uma razão de o relatório apresentar uma redação assimilável, com clareza e moderação em suas informações e com o cuidado de distinguir fatos ocorridos/visualizados de opiniões pessoais.

Por essa razão, quando o profissional apresentar opiniões próprias, deve ressaltar que se tratam de percepções ou sentimentos pessoais, não deixando quaisquer dúvidas ao leitor. Nesse caso, deve-se usar expressões como: "entendo/entendemos que", "em minha/nossa opinião....", "julgo/julgamos que....".

14.3.1. Partes do Relatório

Habitualmente, o relatório de auditoria é constituído de vários itens, tópicos ou capítulos, tais como:

- Contextualização/identificação do trabalho – revela os dados e características do órgão ou empresa analisada;

- Metodologia – revela as técnicas empregadas e a observância das normas habituais de auditoria e período de observação (início e fim);
- Constatações – relato das observações mais significativas realizadas e citação do elenco de não conformidades constatadas na auditoria;
- Recomendações – aponta/apresenta sugestões de ações que visem corrigir as não conformidades apontadas no relatório;
- Conclusões – resumo das constatações e dos trabalhos efetuados, bem como apresentação de um parecer, quanto ao atendimento ou não aos referenciais escolhidos no planejamento da auditoria;
- Anexos – conjunto de dados e informações significativas obtidas ou elaboradas no decorrer dos trabalhos, com o objetivo de revelar as principais evidências e justificar determinadas considerações feitas no relato.

14.3.2. Orientações Gerais sobre Elaboração do Relatório

1. Os fatos e atos observados e avaliados devem ser apresentados com objetividade, simplicidade e fidedignidade, evitando se basear em sentimentos e emoções pessoais.
2. A linguagem usada deve ser a mais simples possível, evitando-se rebuscamento de linguagem, de modo a facilitar o entendimento fácil por qualquer pessoa. Siglas e abreviaturas devem ser evitadas ou, então, definidas literalmente na primeira vez que aparecerem.
3. Deve-se usar uma linguagem concisa de modo a evidenciar as coisas mais importantes, descartando o que é supérfluo ou desnecessário.
4. Deve-se transmitir o máximo de informações com o mínimo de palavras.
5. As sugestões, comentários e recomendações devem ser convincentes de modo a mostrar veracidade dos fatos e influenciar positivamente os gestores da organização.
6. O relatório deve ter fidelidade e integridade de modo a retratar os dados e informações de maneira exata e imparcial, sem omitir informações importantes.
7. Na formulação de recomendações, deve-se pensar na otimização de recursos a serem investidos e a estimativa de economia que a recomendação deve gerar.

14.3.3. Atributos ou Requisitos de um Relatório

As informações que vão consubstanciar o relatório de auditoria, relativamente aos atos, fatos e ações de gestão, devem seguir alguns atributos, propriedades e características, dentre as quais se destacam:

a. CONCISÃO - Deve-se usar linguagem clara e concisa, de leitura fácil, e que seja facilmente entendido pelo leitor.
b. TEMPESTIVIDADE - As recomendações devem ser feitas dentro de um tempo hábil, antes que as disfunções verificadas atinjam um grau maior de gravidade, permitindo, assim, sanar de imediato qualquer irregularidade encontrada.
c. OBJETIVIDADE - Retratar as constatações de forma a mostrar a veracidade e obter o convencimento do leitor.
d. INTEGRIDADE - Evitar a omissão ou má interpretação de fatos e ações observadas, demonstrando uma visão objetiva das impropriedades e das conclusões do relatório.
e. CLAREZA - O relatório deve, em seu texto, registrar constatações, comentários e recomendações que possam ser entendidos por qualquer pessoa, conhecendo ou não as atividades de auditoria.

Nesse sentido, para que haja clareza nas informações, sugerem-se algumas orientações, tais como:

- Evitar termos muito técnicos e, quando necessário, citá-los e defini-los adequadamente.
- Procurar não usar muitos sinônimos para que o leitor não fique confuso, pensando tratar-se de coisa diferente.
- Ao usar siglas e abreviaturas, definir ou explicar seu significado. Da segunda vez em diante, pode citá-las sempre abreviadamente.
- Citar fatos, acontecimentos, dados e informações de forma clara e precisa.
- Apresentar argumentos lógicos e convincentes.
- Compor textos curtos, evitando estender o assunto por mais de três linhas.
- Expor ideias e procedimentos de modo sequenciado para que o leitor acompanhe o raciocínio.
- Usar terminologia e linguagem fáceis, evitando duplicidades de interpretação e explicação clara dos fatos observados.

f. COERÊNCIA - Evitar contradizer-se em diversos momentos do relato ou fazer interpretações diferentes para a mesma situação.
g. OPORTUNIDADE - Criar a condição de que os fatos narrados possam ser analisados ou decididos no momento presente ou de sua utilidade na melhoria de outros processos da empresa.
h. APRESENTAÇÃO - Usar uma linguagem agradável e formatação simples de forma que atraia sua leitura e não cometa graves erros gramaticais.
i. CONCLUSIVO - O relatório deve conter, ao final, uma conclusão do trabalho realizado, referindo-se aos pontos mais importantes, tanto positivos como negativos.

14.3.4. Gráficos

A inclusão de gráficos no relatório de auditoria tem por objetivo facilitar a visualização ampla do resultado da avaliação, destacando os pontos fortes, fracos e deficientes/carentes das diversas constatações observadas pelo auditor.

Dentre os diversos gráficos utilizados (histograma, barras, colunas, radar, Pareto etc.), o que merece a preferência da maioria dos profissionais de auditoria é o diagrama de setores, mais conhecido como gráfico da pizza. Tem uma forma de círculo, mostrando diversas fatias/faixas, geralmente com dimensões diferentes.

O exemplo apresentado foi obtido na auditoria realizada nas áreas de recrutamento e seleção na matriz de uma grande empresa comercial, com mais de 6.000 empregados, distribuídos em mais de 300 lojas de eletrodomésticos em alguns Estados brasileiros, possuindo uma Diretoria de RH com cerca de 50 empregados.

O gráfico mostrado abaixo revela o resultado da avaliação de 30 quesitos aplicados na área de recrutamento e seleção. O resultado mostra que 40,5% dos quesitos avaliados foram considerados adequados (pontos fortes), 22% estavam parcialmente adequados (PPA) e 37,5% foram considerados inadequados, insuficientes ou inexistentes (PI), representando pontos fracos e que precisam imediatamente ser corrigidos:

Recrutamento e Seleção

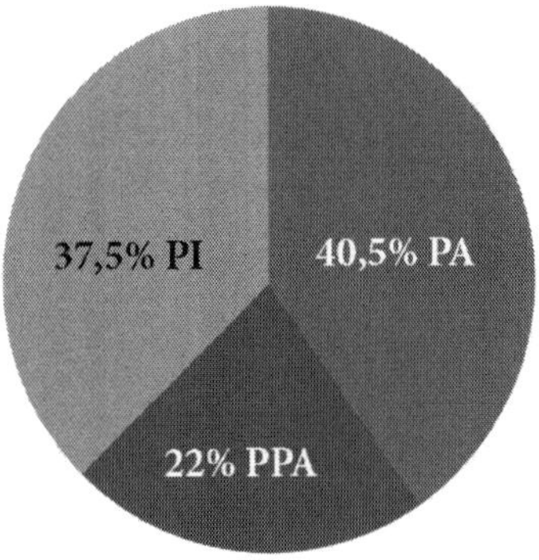

Dentre os diversos gráficos utilizados (histograma, barras, colunas, radar, Pareto, etc.). o que merece a preferência da maioria dos profissionais de auditoria é o diagrama de setores, mais conhecido como gráfico da pizza. Tem uma forma de círculo, mostrando diversas fatias/faixas, geralmente com dimensões diferentes.

O exemplo apresentado foi obtido na auditoria realizada nas áreas de recrutamento e seleção na matriz de uma grande empresa comercial, com mais de 5.000 empregados, distribuídos em mais de 300 lojas de eletrodomésticos em vários Estados brasileiros, possuindo uma Diretoria de RH, com cerca de 50 empregados.

O gráfico mostrado abaixo revela o resultado da avaliação de 30 quesitos, aplicados na área de recrutamento e seleção. O resultado mostra que 40,5% dos quesitos avaliados foram considerados adequados (pontos fortes), 22% estavam parcialmente adequados (PPA) e 37,5% foram considerados inadequados, insuficientes ou inexistentes (PI), representando pontos fracos e que precisam imediatamente ser corrigidos:

14.3.4.1. Auditograma

Trata-se de um tipo de diagrama, que batizamos de AUDITOGRAMA, contendo três trilhas diferentes de avaliação (PA, PPA e PI), onde são plotados, individualmente, cada um dos diversos itens de controle. E para destacar melhor a avaliação de cada item, essas trilhas apresentam cores diferentes: a mais externa mostra os processos considerados corretos/adequados; a trilha do meio significa atenção, pois os itens ali inseridos estão parcialmente corretos, precisando de alguma ação para sua plena correção. Já a trilha mais interna mostra os itens que merecem uma correção imediata, pois representam processos totalmente inadequados, ilegais, antinormativos ou que precisam imediatamente ser implementados, sob pena de sanções legais, normativas ou perigo de causar diversos problemas (acidentes, doenças ocupacionais, multas e punições legais, prejuízo à empresa e a empegados etc.).

O auditograma mostrado abaixo baseia-se nas mesmas avaliações colhidas na auditoria da empresa citada acima em relação ao gráfico de setores.

Numa visão rápida, englobando esses dois seguimentos, podemos verificar que foram avaliados 16 itens de controle na área de Recrutamento e 14 na área de Seleção.

Se quiser ter uma visão rápida dessas duas áreas juntas, facilmente veremos os pontos fortes (PA), aqueles em estágio médio (PPA) e os que estão em situação deficiente, inadequado ou inexistente:

- Processos/procedimentos adequados (PA): itens 1, 2, 6, 12, 13, 14, 18, 19, 21, 23, 26, 28 e 29.
- Processos parcialmente adequados (PPA): itens 3, 4, 8, 9 e 17.
- Processos inadequados ou inexistentes (PI): itens 5, 7, 10, 11, 15, 16, 20, 22, 24, 25, 27 e 30.

Observando o AUDITORGRAMA abaixo, facilmente poderemos vislumbrar os pontos mais fracos no miolo do gráfico. O setor intermediário do gráfico mostra os pontos de controle parcialmente adequados, isto é, aqueles com ações corretas, mas de forma parcial/incompleta. Já a parte externa do gráfico mostra todos os quesitos/itens de controle que estão perfeitamente corretos, ou como se diz na linguagem da qualidade, estão "conformes".

AUDITOGRAMA

SUBSISTEMA I: PROVISÃO DE RECURSOS HUMANOS

Quesitos Avaliados: Recrutamento (16 quesitos) e Seleção de Pessoas (14 quesitos)

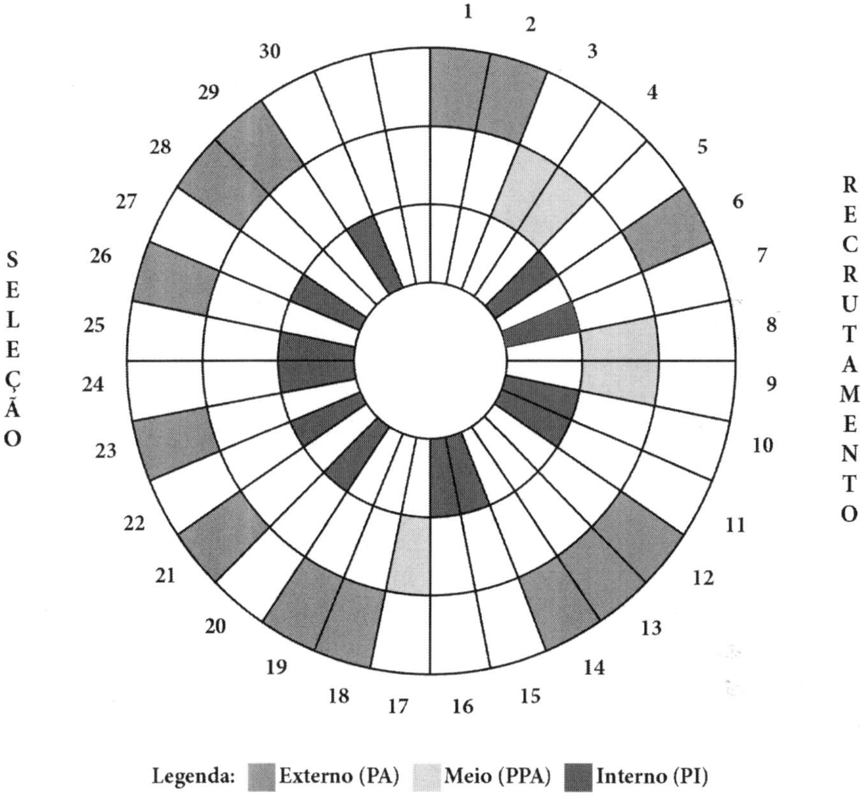

14.3.5. Exemplo de Relatório de Auditoria

Apresentamos a seguir um exemplo completo de relatório de auditoria em RH, em que aparecem os principais tópicos:

1. Identificação: data de início e término do trabalho, identificação da empresa, órgão auditado, nome do responsável pelo conjunto de setores avaliados, componentes da equipe de auditoria e documentos que serviram de referência/balizamento.
2. Objetivos da auditoria: mencionar os principais objetivos e abrangência da auditoria.

3. Não conformidades: citação ou resumo das não conformidades (usar um anexo para detalhar mais profundamente as evidências encontradas de forma a comprovar suas ocorrências).
4. Observações, sugestões e comentários: neste espaço, o auditor deve relatar as principais ocorrências/situações observadas (tanto positivas como negativas), tecer comentários sobre as consequências/repercussões possíveis de ocorrerem (acidentes, prejuízos, desperdícios, fraudes, burocracia, contaminações, multas, desvio funcional, reclamações trabalhistas, desmotivação, doenças ocupacionais etc.). Em vez de focar ou priorizar comentários negativos, deve-se destacar a possibilidade de obter melhorias que poderão ser alcançadas com a adoção de medidas corretivas, preventivas e/ou criativas, de modo a inverter os aspectos negativos em vetores de desenvolvimento e superação de dificuldades diversas (financeiras, oportunidades, tecnológicas, administrativas, burocráticas, organizacionais, temporais, espaciais, motivacionais etc.). Evidenciar que a união e participação de toda a equipe facilitará e enriquecerá a adoção de medidas ou decisões a serem tomadas.
5. Conclusão: é a parte final do relatório em que o auditor fará uma síntese da auditoria feita, revelando o grau de incorreções observadas, pontos fortes que merecem destaque, colaboração ou dificuldade encontrada na obtenção de evidências, receptividade dos auditados, revelação de alguns casos em que há possibilidade de agravamento da situação atual (erros, irregularidades, roubos, desvios, fraudes etc.), apontar setores/pontuais onde se devem fazer perícias ou auditoria adicional mais detalhada e comentários que serão úteis para posteriores auditorias.
6. Anexos: são os documentos comprobatórios mais importantes obtidos durante a auditoria ou mapas/quadros/tabelas/gráficos elaborados pelo auditor que resumem ou condensam informações significativas. Além desses documentos, é comum detalhar em um anexo cada não conformidade identificada no processo de auditoria, de forma a dar mais consistência, veracidade e imparcialidade à auditoria.

RELATÓRIO DE AUDITORIA

DATA DE INÍCIO:	DATA DE TÉRMINO:	RELATÓRIO N.º:
12/NOV/.....	23/NOV/.....	01

I. IDENTIFICAÇÃO

EMPRESA: Produtos Químicos Navegante Ltda.

ÓRGÃO/LOCAL AUDITADO: Departamento de Recursos Humanos

RESPONSÁVEL PELO ÓRGÃO/LOCAL AUDITADO:
Procópio Silveira da Silva (Superintendente de RH)

COMPOSIÇÃO DA EQUIPE DE AUDITORIA:
Manoel Nunes da Silva, José Luiz Moreira, Marco Aurélio Coelho, Carlos Antonio Pereira e Marcos Thadeu da Silva

DOCUMENTOS DE REFERÊNCIA:
CLT, NRs, CBO, Normas e Regulamentos de Pessoal, ISO 10.015, Plano de Cargos, Lei 13.467/17 (Reforma Trabalhista), Acordos e Convenções Trabalhistas, ABNT, INMETRO, Decisões Trabalhistas (DRT, MT, TST, NRs, Legislação Previdenciária etc.)

LISTAS DE VERIFICAÇÃO (ANEXAS):

II. OBJETIVOS

- O objetivo desta auditoria é identificar pontos fortes da gestão de processos e possibilidades de melhoria dos diversos processos de Recursos Humanos que, por ventura, apresentem desempenho abaixo do esperado/planejado e não conformidades às leis, políticas e normas de pessoal.

III. RELAÇÃO DAS NÃO CONFORMIDADES

1. Pagamento indevido de salário-família.
2. Eventos de T&D não alinhados ao planejamento estratégico da empresa.
3. Utilização desnecessária de veículo de divulgação de vagas de empregos.
4. Descontinuidade no programa de Desenvolvimento Gerencial.
5. Falta de calibração regular de instrumentos/aparelhos médicos (INMETRO).

III. RELAÇÃO DAS NÃO CONFORMIDADES (CONTINUAÇÃO)

6. Descumprimento de orientação da CBO/MT sobre codificação de cargos.
7. Inobservância da Norma da ANVISA sobre manipulação de alimentos.
8. Falta de controle de empregados com estabilidade provisória.
9. Desvio funcional de empregado (Art. 461 CLT).
10. Descumprimento da Lei 6815/2004 sobre contratação de estrangeiros.
11. Descumprimento do acordo coletivo, referente a piso salarial da categoria.
12. Não cumprimento das restrições fixadas na CLT e na Reforma Trabalhista (Lei 13.467/2017) sobre trabalho feminino em área insalubre.

IV. OBSERVAÇÕES, SUGESTÕES E/OU COMENTÁRIOS

Em se tratando de 1.ª auditoria, era natural aparecerem muitas disfunções. Os exames e avaliações abordaram 100 itens de controle, abrangendo todas as funções/atividades de RH, mostradas no gráfico anexo, em que 78 itens foram considerados adequados (pontos fortes), 10 parcialmente adequados (PPA) e 12 inadequados ou ineficientes (PI), isto é, não conformes. Por ser a 1.ª auditoria, os dez itens parcialmente adequados, por liberalidade, não foram considerados como inconformidades, mas deverão merecer um plano de ação, juntamente com os não conformes, pois precisam ser corrigidos (num prazo de até 90 dias) para fortalecimento da melhoria da gestão, bem como servir de referencial de orientação, aprendizagem e melhoria dos processos/serviços.

É oportuno esclarecer que esses resultados foram dados ao conhecimento prévio dos diversos gestores das áreas auditadas.

Merecem elogios todos os órgãos avaliados pela acolhida cordial, transparência nas informações e rapidez no atendimento às solicitações dos auditores. Em nenhum momento, encontramos má-fé, má vontade ou má conduta dos informantes.

Como proposta de melhoria, sugerimos a adoção de um Código de Conduta/Ética, maior alinhamento do planejamento de RH ao plano estratégico da empresa, avaliação de treinamento aplicável após volta ao trabalho e implantação de indicadores de desempenho (*turnover*, absentismo e outros) para aperfeiçoamento da gestão dos RH.

A equipe de auditores coloca-se à disposição para mais explicações ou para complementar algum comentário ou ponto obscuro, de modo a facilitar o entendimento e a elaboração dos respectivos Planos de Ação.

RESULTADO DA AUDITORIA

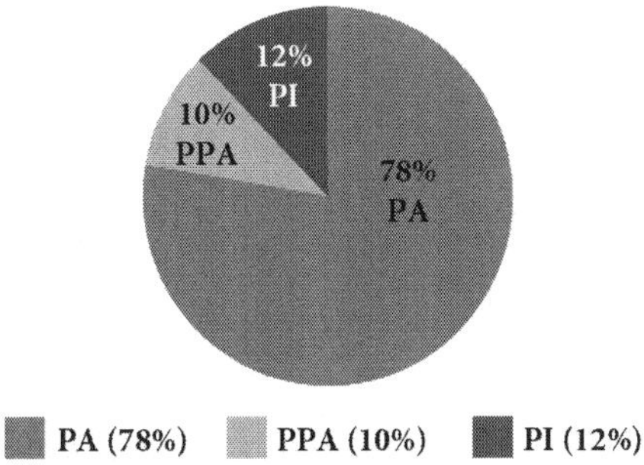

REGISTRO DE NÃO CONFORMIDADE (RNC)	N.º:1
I. IDENTIFICAÇÃO	
ÓRGÃO/LOCAL AUDITADO: Divisão de Pessoal	**DATA:**
LOCAL/ÁREA/PROCESSO AUDITADO: Setor de Documentação e Registro	

II. DESCRIÇÃO DA OCORRÊNCIA (EVIDÊNCIAS)
Identificados dois empregados: João Marcílio Guerra e Teobaldo Nogueira, que recebem salário-família, mas não apresentaram este ano atestado de vacinação dos filhos menores nem comprovação de frequência escolar.

III. CRITÉRIO/DOCUMENTO/PROCEDIMENTO NÃO ATENDIDO
Descumprimento das exigências do INSS, que exige vários documentos para percepção do salário-família (Lei 4.266, DE3/10/1963), entre eles, a apresentação da carteira de saúde (ou equivalente) dos filhos menores (7 a 14 anos) e comprovação de frequência às aulas (renovação a cada seis meses).

AUDITOR: ______________________	DATA: ____/____/____

REGISTRO DE NÃO CONFORMIDADE (RNC)	**N.º:2**
I. IDENTIFICAÇÃO	
ÓRGÃO/LOCAL AUDITADO: Divisão de Treinamento e Desenvolvimento	**DATA:**
LOCAL/ÁREA/PROCESSO AUDITADO: Setor de Planejamento	

II. DESCRIÇÃO DA OCORRÊNCIA (EVIDÊNCIAS)
Constatou-se que no planejamento de eventos de T&D, do total de 35 projetos para o ano corrente, cerca de 20 estão alinhados claramente ao planejamento estratégico da empresa, enquanto os demais (15), pouca ou nenhuma vinculação tem com a estratégia empresarial.

III. CRITÉRIO/DOCUMENTO/PROCEDIMENTO NÃO ATENDIDO
Deficiência no planejamento de T&D acarretando perda de recursos e de oportunidades de capacitação de empregados. Recomenda-se maior atenção às atividades de determinação de necessidades e alinhamento direto com o planejamento estratégico da empresa.

AUDITOR: ______________________________	DATA: ____/____/____

REGISTRO DE NÃO CONFORMIDADE (RNC)	**N.º:3**
I. IDENTIFICAÇÃO	
ÓRGÃO/LOCAL AUDITADO: Divisão de Captação de RH	**DATA:**
LOCAL/ÁREA/PROCESSO AUDITADO: Setor de Planejamento	

II. DESCRIÇÃO DA OCORRÊNCIA (EVIDÊNCIAS)
No recente processo seletivo para Auxiliar de Administração, com duas vagas, houve 350 candidatos, pois o anúncio foi veiculado no jornal de maior circulação da região. Isso ampliou o prazo de conclusão do processo, elevou custos e causou problemas no edifício (filas, elevador lotado, falatório, queixas de usuários).

III. CRITÉRIO/DOCUMENTO/PROCEDIMENTO NÃO ATENDIDO
De acordo com as boas práticas gerenciais, no processo seletivo para poucas vagas, não se deve veicular as vagas em grandes mídias para evitar o que ocorreu. Havia outras formas de veiculação: boca a boca, cadastro de reserva, divulgação interna, cadastro de terceiros etc.

AUDITOR: ________________________________	DATA: ____/____/____

REGISTRO DE NÃO CONFORMIDADE (RNC)	**N.º:4**
I. IDENTIFICAÇÃO	
ÓRGÃO/LOCAL AUDITADO: Divisão de Desenvolvimento de Pessoas	**DATA:**
LOCAL/ÁREA/PROCESSO AUDITADO: Área de Desenvolvimento Gerencial	

II. DESCRIÇÃO DA OCORRÊNCIA (EVIDÊNCIAS)
Identificado que o último programa gerencial ocorreu há cinco anos. Com isso, todo o corpo gerencial (de gerentes a diretores) não foi reciclado, tanto os novos titulares como os antigos. Nesse período, não se realizou qualquer projeto (cursos, palestras, encontros gerenciais, seminários, videoconferências, congressos, job rotation etc.).

III. CRITÉRIO/DOCUMENTO/PROCEDIMENTO NÃO ATENDIDO
Inobservância das políticas e das boas práticas de pessoal que recomendam a reciclagem permanente dos colaboradores (incluindo os gerentes), de modo a promover a capacitação e atualização profissional, prevenindo a obsolescência dos gerentes, tornando-os competitivos diante de nossos concorrentes.

AUDITOR: ______________________________	DATA: ____/____/____

REGISTRO DE NÃO CONFORMIDADE (RNC)	N.º:5
I. IDENTIFICAÇÃO	
ÓRGÃO/LOCAL AUDITADO: Assessoria de Saúde Ocupacional	**DATA:**
LOCAL/ÁREA/PROCESSO AUDITADO: Ambulatório Médico	

II. DESCRIÇÃO DA OCORRÊNCIA (EVIDÊNCIAS)
Verificou-se que o Serviço Médico não faz aferição/calibração, há mais de 5 anos, de instrumentos e equipamentos de medição médico-hospitalares (termômetro, aparelho de pressão, balança, bisturi elétrico, desfibrilador, eletrocardiograma, equipamentos radiológicos).

III. CRITÉRIO/DOCUMENTO/PROCEDIMENTO NÃO ATENDIDO
Falha no cumprimento das normas do INMETRO (Instituto Nacional de Metrologia) sobre calibração/ aferição de instrumentos (Norma 5.5.10).

AUDITOR: ______________________________	DATA: ____/____/____

REGISTRO DE NÃO CONFORMIDADE (RNC)	**N.º:6**
I. IDENTIFICAÇÃO	
ÓRGÃO/LOCAL AUDITADO: Divisão de Pessoal	**DATA:**
LOCAL/ÁREA/PROCESSO AUDITADO: Setor de Movimentação e Registro de Pessoal	

II. DESCRIÇÃO DA OCORRÊNCIA (EVIDÊNCIAS)
Em uma amostragem de 10 FREs (Ficha de Registro de Empregados) e 8 Carteiras Profissionais, verificou-se que nenhum desses documentos continha o código funcional constante da CBO (Classificação Brasileira de Ocupações).

III. CRITÉRIO/DOCUMENTO/PROCEDIMENTO NÃO ATENDIDO
Descumprimento das instruções normativas do Ministério do Trabalho que recomendam, para fins administrativos e estatísticos, que os documentos que se referem a título de cargos (FRE, Plano de Cargos, Carteira Profissional e outros) devem conter o código da CBO

AUDITOR: ______________________	DATA: ____/____/____

REGISTRO DE NÃO CONFORMIDADE (RNC)	**N.º:7**
I. IDENTIFICAÇÃO	
ÓRGÃO/LOCAL AUDITADO: Divisão de Serviços Gerais	**DATA:**
LOCAL/ÁREA/PROCESSO AUDITADO: Setor de Alimentação (Cozinha)	

II. DESCRIÇÃO DA OCORRÊNCIA (EVIDÊNCIAS)
Foram encontrados quatro empregados (matrículas 3392, 3402, 2931 e 3322) na cozinha realizando serviços de manipulação de alimentos sem proteção na cabeça (rede e/ou gorro), sem luvas higiênicas e portando adornos (anéis, brincos, pulseiras e relógios).

III. CRITÉRIO/DOCUMENTO/PROCEDIMENTO NÃO ATENDIDO
Falha na supervisão e descumprimento das normas sobre Higiene na manipulação de alimentos e preparação de refeições da ANVISA (Agência Nacional de Vigilância Sanitária - ROC -216/2004).

AUDITOR: ______________________________	DATA: ____/____/____

REGISTRO DE NÃO CONFORMIDADE (RNC)	**N.º:8**
I. IDENTIFICAÇÃO	
ÓRGÃO/LOCAL AUDITADO: Divisão de Pessoal	**DATA:**
LOCAL/ÁREA/PROCESSO AUDITADO: Setor de Movimentação e Registro de Pessoal	

II. DESCRIÇÃO DA OCORRÊNCIA (EVIDÊNCIAS)
Analisando-se os empregados que estão em processo demissionário, encontrou-se o mecânico Antônio Nonato (matrícula 3781), que é membro efetivo da CIPA, estando em pleno mandato eletivo (término ano que vem), possuindo assim estabilidade provisória, não podendo ser demitido no momento.

III. CRITÉRIO/DOCUMENTO/PROCEDIMENTO NÃO ATENDIDO

Falha da supervisão pelo descumprimento do item 5.8 da NR-05, que "veda a dispensa arbitrária ou sem justa causa de empregado eleito para direção da CIPA, desde o registro da candidatura até um ano após o final de seu mandato". Só não tem estabilidade o membro da CIPA que representa os empregadores.

AUDITOR: ______________________________	DATA: ____/____/____

REGISTRO DE NÃO CONFORMIDADE (RNC) N.º:9

I. IDENTIFICAÇÃO

ÓRGÃO/LOCAL AUDITADO: Divisão de Transportes e Logística **DATA:**

LOCAL/ÁREA/PROCESSO AUDITADO: Setor de Almoxarifado

II. DESCRIÇÃO DA OCORRÊNCIA (EVIDÊNCIAS)

Constatado que o Assistente Administrativo Paulo Ventura (matrícula 3289), lotado no almoxarifado de peças leves (A-3), há dois anos realiza tarefas de distribuição de documentos (interna e externamente), atribuições estas típicas de Boy/Mensageiro.

III. CRITÉRIO/DOCUMENTO/PROCEDIMENTO NÃO ATENDIDO

Pelas normas de Pessoal e CLT, essa situação caracteriza desvio funcional e subutilização laboral, prejudicando o empregado e a empresa, pois esse fato cria a figura do paradigma, o que pode gerar pedidos de equiparação salarial-funcional (Art. 461 da CLT).

AUDITOR: ______________________________	DATA: ____/____/____

REGISTRO DE NÃO CONFORMIDADE (RNC) **N.º:10**

I. IDENTIFICAÇÃO

ÓRGÃO/LOCAL AUDITADO: Universidade Corporativa **DATA:**

LOCAL/ÁREA/PROCESSO AUDITADO: Setor de Estudos Técnicos Educacionais

II. DESCRIÇÃO DA OCORRÊNCIA (EVIDÊNCIAS)

Não foi encontrado documento comprobatório de visto no Brasil do engenheiro de sistemas John Kennedy Jr., de nacionalidade americana, contratado em 20/10/2020, por um prazo de um ano, para prestar assessoramento no projeto de EAD (educação a distância).

III. CRITÉRIO/DOCUMENTO/PROCEDIMENTO NÃO ATENDIDO
Descumprimento da Lei 6.815/80 (Estatuto dos Estrangeiros) que disciplina todas as exigências ao trabalho de estrangeiros, entre elas o visto junto ao Ministério de Relações Exteriores. Esse visto pode ser temporário ou permanente, podendo o temporário ser de 90 dias a 2 anos.

AUDITOR: ______________________________	DATA: ____/____/____

REGISTRO DE NÃO CONFORMIDADE (RNC)	N.º:11
I. IDENTIFICAÇÃO	
ÓRGÃO/LOCAL AUDITADO: Divisão de Pessoal	DATA:
LOCAL/ÁREA/PROCESSO AUDITADO: Setor de Folha de Pagamento	

II. DESCRIÇÃO DA OCORRÊNCIA (EVIDÊNCIAS)
Constatou-se o não pagamento, em maio, do novo piso salarial ao Boy Eduardo Gomes (matrícula 3891), estabelecido no último Acordo Salarial de 1.º de março.

III. CRITÉRIO/DOCUMENTO/PROCEDIMENTO NÃO ATENDIDO

Deficiência na supervisão e falha no processo de elaboração e controle da folha de pagamento, impossibilitando o empregado da percepção de reajuste salarial.

AUDITOR: ______________________________	DATA: ____/____/____

REGISTRO DE NÃO CONFORMIDADE (RNC) **N.º:12**

I. IDENTIFICAÇÃO

ÓRGÃO/LOCAL AUDITADO: Divisão Médico-Assistencial **DATA:**

LOCAL/ÁREA/PROCESSO AUDITADO: Laboratório de Raios X

II. DESCRIÇÃO DA OCORRÊNCIA (EVIDÊNCIAS)

Foi identificada a empregada Juliana Barbosa (matrícula 8855), Técnica de Radiologia, grávida de três meses, atuando em área insalubre, recebendo emissões ionizantes durante a jornada de trabalho.

III. CRITÉRIO/DOCUMENTO/PROCEDIMENTO NÃO ATENDIDO
De acordo com a CLT e a nova Lei 13.467 de 13/07/2017 (Reforma Trabalhista), é proibida empregada grávida ou lactante trabalhar em área insalubre de alto risco (raios x), devendo ser deslocada para outra área não insalubre, sem a perda do adicional de insalubridade.

AUDITOR: ______________________________	DATA: ____/____/____

14.4. Monitoramento das Não Conformidades (*Follow-Up*)

Esta é a etapa final do trabalho, completando o ciclo da auditoria. Seu objetivo principal é verificar se asrecomendações, sugestões, orientações e comentários constantes do relatório de auditoria foram adotados/implementados/corrigidos de forma adequada e completa/integral pelos gestores.

Esse procedimento é importante para que a empresa garanta a correção (legal, trabalhista, previdenciária, tributária, social) de suas atividades e processos.

É necessário que tais falhas, erros, incorreções, omissões, enganos, disfunções e outras anormalidades, bem como oportunidades de melhoria oriundas de desperdícios, burocracia, *layout*, condições de trabalho, apontadas pelos auditores sejam corrigidas adequadamente e no menor prazo possível.

Por meio do monitoramento serão verificadas e aferidas se as providências corretivas foram implementadas.

E ele se tornará mais efetivo se as empresas padronizarem o Plano de Ação, facilitando o trabalho dos gestores auditados. Por isso, em outro capítulo é apresentado um modelo simples, muito utilizado pelas empresas, conhecido como 5W 2H.

Nunca é demais lembrar que o prazo de correção das não conformidades é variável, dependendo da simplicidade, complexidade, natureza e dimensão da inconformidade. Daí o motivo de muitas empresasestabelecerem prazos diferentes. Há situações que podem ser resolvidas em até uma semana e outrasque podem levar meses (alto investimento, mudança de projetos, aquisição de novas máquinas etc.)

Relativamente aos órgãos que apresentam grande número de inconformidades, sugerimos a criação de umpequeno grupo de profissionais para monitorar as ações corretivas implementadas pelos gestores das áreas auditadas.

Para melhor rendimento dos trabalhos de monitoramento, propomos alguns procedimentos, tais como:

- Nesse grupo, pelo menos um dos integrantes deve ter participado do setor auditado.
- Controlar todos os dados da inconformidade: responsável, local, tempo, gravidade, complexidade, repercussões negativas etc.
- Analisar se todas as correções adotadas têm caráter corretivo e preventivo.
- Analisar a natureza, prioridade e nível de grandeza ou gravidade do problema (prejuízo, desperdício,ilegalidade, insegurança, riscos, multas, suspensão de atividades, fraude, corrupção etc.).
- Manter confidencialidade sobre todos os dados e informações manipulados.
- Verificar se as correções feitas são parciais ou completas.
- Necessidade de alteração (antecipação ou dilatação de prazos).
- Tomar conhecimento e orientar gestores quanto à dificuldade do cumprimento de prazos e de implementações de correções ou soluções.
- Cobrar rapidez nas respostas e das soluções corretivas.
- Verificar problemas e soluções que envolvam/conflituam com duas ou mais áreas.
- Analisar ações corretivas que dependem de autorizão/solução a nível institucional.
- Manter controle permanente do andamento das correções e situação de pendências de cada inconformidade: solucionada, pendente, incompleta, precisando de autorização superior, de investimentos, não informado etc.
- Analisar inconformidades com dificuldades diversas para serem implementadas (carência de mão deobra, falta de recursos financeiros, alteração de processos ou projetos, aquisição de novos equipamentos,modificação de programas ou metodologias, alto investimento, alterações legais, mudança estrutural etc.).
- Sugerir ou propor ação abortiva ou suspensão temporária de ações corretivas em inconformidades com problemáticas em curto e médio prazo, que impedem ou dificultem sua implementação.

- Identificar problemas ou necessidades de melhoria em situações paralelos ou consequentes da auditoria(não detectados pelos auditores) que mereçam correções (capacitação de empregados, modificação de processos, alteração de *layout*, melhoria da condições de trabalho, divulgação de normas e procedimentos etc.).
- Preparar, se necessário, um minirrelatório quando da conclusão dos trabalhos de monitoramento de determinado órgão auditado.

15. Diferenciação entre Evidências e Não Conformidades

É muito comum o iniciante na área de auditoria fazer alguma confusão entre evidências e não conformidades. E essa confusão não pode existir, sob pena de afetar negativamente o relatório de auditoria.

Nunca é demais repetir que a evidência é um conjunto de informações que dá veracidade a um fato, acontecimento ou situação constatada e que pode ser comprovada com relativa facilidade (foto, filme, documentação, testemunhas, cálculos etc.), pois é resultante da observação do profissional.

Já a não conformidade se origina da comparação entre o fato ou ato constatado e algum referencial normativo ou legal, que demonstra se ocorreu de forma adequada ou inadequada. Essa comparação nos permite concluir se o ocorrido está conforme ou não conforme o referencial definido (interna ou externamente): normas, regulamentos, recomendações técnicas, manual dos fabricantes, ordens de serviço, portarias, leis, decretos, CLT, NRs etc.

Quando a conclusão é de que o fato ocorrido não atende ao referencial, dizemos que há uma NÃO CONFORMIDADE ou INCONFORMIDADE.

Para facilitar o entendimento, apresentamos abaixo sete exemplos que diferenciam esses dois termos.

1. Evidência (constatação, visualização, observação): na pasta funcional de Mário da Costa (matrícula 339920), admitido há três meses, constatou-se o seguinte: falta documento de autorização de admissão e de exame médico admissional; contrato individual de trabalho sem assinatura.
   Não Conformidade: falha no processo de admissão de empregados.

2. Evidência: foram encontrados no Posto Médico 5 frascos do remédio Hidrocloroquina, com data de vencimento de um ano atrás. Não conformidade: descumprimento das normas sobre guarda e descarte de medicamentos vencidos (Resolução 328/1999 da ANVISA).
3. Evidência: não incidência do adicional noturno no pagamento do descanso semanal remunerado de Pedro Eduardo Silva (matrícula 3232).
   Não conformidade: descumprimento das leis 605/49 e 7415, bem como do enunciado da Súmula 27 doTST, preconizando que o descanso semanal remunerado será equivalente a um dia de trabalho, computados os adicionais e outras parcelas salariais (HE, comissões, prêmios, bônus etc.).
4. Evidência: verificou-se que vários empregados da cozinha trabalham sem gorro, luvas e máscaras higiênicas e usam objetos pessoais (brincos, relógios, telefones) no local de manuseio e preparação de alimentos.
   Não conformidade: desconhecimento/descumprimento das normas sobre manipulação de alimentos e sobre fontes de contaminação biológicas (NR 26 e Norma RDC-216/2004 da ANVISA).
5. Evidência: no setor de treinamento, não foram encontradas informações (escritas ou informatizadas) sobre participação de empregados em programas (internos e externos) de treinamento (cursos, palestras, conferências, congressos, faculdade, painéis, teleconferências, encontros técnicos, seminários etc.).
   Não conformidade: não há processo de controle sobre participação de empregados em eventos de T&D.
6. Evidência: não concessão de pagamento no mês passado (junho) do piso salarial, constante do último Acordo Coletivo, aos empregados Tiago Motta, Carol Vilela e Jorge Silva, ocupantes do cargo de Auxiliar de Limpeza.
   Não conformidade: descumprimento do acordo coletivo, celebrado há dois meses, e falha no controle do processo de elaboração da folha de pagamento.
7. Evidência: foi constatado que dois Estagiários de Contabilidade (Maria Efigênia e Gustavo Sampaio) estão sendo utilizados no setor de expedição como força de trabalho, atuando na expedição de correspondências e embalagem de materiais/produtos.
   Não conformidade: inexistência institucional de programa formal de T&D para estagiários, bem como falha na supervisão do Estagiário.

Com esses exemplos, mostramos a diferença entre ambas e que se o auditor registrar uma evidência como sendo uma não conformidade vai propiciar ao auditado corrigir o sintoma (consequência), mas nunca a razão principal (causa-raiz).

Veja a situação abaixo para melhor entender o que comentamos.

> "Se um auditor constatar que a sala de recepção de clientes está com um aspecto visual ruim, com as paredes sujas, descascadas, empoladas, rachadas e riscadas, e ele registrar isso no relatório de auditoria não como evidência, mas como sendo uma não conformidade, com bastante certeza o auditado fará, como medida corretiva, o reparo na pintura dessa sala. Porém, se ele registrar essa situação não como uma evidência, mas como uma não conformidade , escreverá que houve *falha no processo de manutenção e conservação predial*, e com toda certeza o auditado tomará uma medida mais efetiva e abrangente, procedendo a reparos mais amplos (além da pintura da parede) em outros lugares da sala, tais como rodapé, portas, janelas, vidraças, luminárias, maçanetas, pisos etc.

Esse exemplo reforça o raciocínio de que a qualidade da auditoria depende, diretamente, do correto entendimento do que é "evidência" e do que é "não conformidade". Enquanto a evidência tem caráter pontual ou situacional, a não conformidade é abrangente, visando focar a melhoria de processos/rotinas/atividade.

16. Ações de Melhoria

A quase totalidade da literatura sobre auditoria termina com o tópico sobre entrega do relatório e comentários sobre os aspectos principais da auditoria, informando os pontos fortes e, principalmente, os pontos fracos transformados em não conformidades.

A partir daí, essas não conformidades passam para a responsabilidade do órgão auditado, ficando o auditor, desse momento em diante, responsável por monitorar, dentro dos prazos estabelecidos/negociados no relatório, as ações corretivas e preventivas a serem implementadas pelo auditado.

Entretanto, como a auditoria na área de RH, além dos objetivos complementares, tem seu foco principal no aspecto educativo e comportamental, vamos orientar e ensinar os auditados a atender às solicitações de correção das distorções, erros, desvios, disfunções e/ou irregularidades apontados no relatório de auditoria.

16.1. O Que Fazer?

Como as primeiras auditorias quase sempre revelam um número bem significativo de não conformidades, o auditado fica preocupado e nervoso em como vai resolver esse problema. Gasta-se muito tempo em discussões, que invariavelmente produzem estresse, pois cada um dos participantes tem uma ideia, critério ou método de resolver o problema de hierarquização dessas não conformidades.

Em vez de procurar métodos ou critérios empíricos, o auditado deverá recorrer a métodos já utilizadas no processo de hierarquização de situações ou problemas.

16.2. Técnicas de Priorização de Problemas

16.2.1. Matriz de Priorização GUT

Conhecendo essas dificuldades de priorizar, uma consultoria de renome internacional chamada Kepner & Trigoe desenvolveu, em 1981, um instrumento ou método denominado Diagrama de GUT — também conhecido como Matriz de Priorização — para resolver a hierarquização de situações ou problemas numerosos.

Essa ferramenta ganhou fama por sua utilização em larga escala nas áreas da qualidade e administração por ser de fácil assimilação e de resultado consistente.

Referida matriz é constituída de três parâmetros ou dimensões: GRAVIDADE, URGÊNCIA e TENDÊNCIA. As três letras iniciais deram origem à sigla GUT.

Por se tratar de uma metodologia racional e quantitativa, cada um desses parâmetros é avaliado numa escala de 1 a 5, sendo que cada um desses níveis é adequadamente definido para que os avaliadores pensem da mesma maneira, evitando-se distorções de entendimento.

Essa metodologia responde de forma clara a três perguntas que aparecem naturalmente nessa ocasião:

- O que se deve fazer?
- Por que razão fazer?
- Qual a sequência ou ordem que devemos obedecer ou seguir?

Devemos salientar que essa metodologia é extremamente útil e vantajosa para qualquer atividade analisada, pois é de simples implementação, podendo ser utilizada na priorização de assuntos diversos (recursos, projetos, investimento, alternativas de solução etc.), além de facilitar o processo de planejamento estratégico.

Veja como são definidos esses três parâmetros:

1. GRAVIDADE: independentemente do caso/problema que esteja acontecendo ou venha a acontecer, esse fator mede o grau de intensidade ou profundidade dos danos que poderão ocorrer em curto e médio prazo caso não se atue na sua correção, atenuação ou extinção. Esses danos podem ser de origens diversas (projetos, humana, financeira, poluição, prejuízos, perda de qualidade, processos, condições de trabalho, acidentes, redução de produção etc.).

2. URGÊNCIA: refere-se ao tempo disponível para resolver, atenuar ou acabar com o problema. Procura-se, também, nesse fator, focar o tempo que vai levar até a eclosão ou ocorrência de um dano maior ou indesejável (rompimento, explosão, parada do processo, incêndio, curto-circuito, alteração da qualidade, perda de recursos etc.).
3. TENDÊNCIA: este indicador mede a sequência ou evolução da situação/problema daqui para frente. Dependendo da situação, o problema pode aumentar, estabilizar, reduzir ou até acabar. Esses três indicadores colocados numa matriz mostram que cada um deles apresenta cinco níveis ou gradações diferentes. Veja a seguir:

NOTA	GRAVIDADE	URGÊNCIA	TENDÊNCIA
5	Extremamente Grave	Extremamente Urgente	Se não for resolvido, piora imediatamente
4	Muito Grave	Muito Urgente	Vai piorar em curto prazo
3	Grave	Urgente	Vai piorar em médio prazo
2	Pouco Grave	Pouco Urgente	Vai piorar em longo prazo
1	Sem Gravidade	Sem Urgência	Sem tendência de piorar

Com base nessa matriz, o grupo de estudo avaliará cada problema ou situação nas três dimensões, dando a cada uma delas uma nota de 1 a 5, conforme a percepção de cada avaliador. Para facilitar o entendimento desse método, apresentamos uma situação tirada do cotidiano, ou seja, o reparo de seu carro, que está em mau estado, merecendo uns consertos, pois apresenta os seguintes problemas: pneus lisos, para-lama dianteiro esquerdo amassado, vazamento do óleo de freio, estofamento rasgado, luz de freio queimada, motor engasgando e luz interna do carro queimada.

Como você está apertado em relação à situação financeira (igualzinho à qualquer empresa), não poderá fazer todos os consertos ao mesmo temo, sendo necessário priorizar o que fazer.

Esse caso, estudado e discutido em uma oficina automotiva, tem seu resultado mostrado na matriz abaixo:

PROBLEMA	G	U	T	RESULTADO	PRIORIDADE
Pneus lisos	3	4	4	48	3º
Para-lama amassado	2	2	2	8	5º
Luz de freio queimada	3	3	1	9	4º
Vazamento no freio	5	5	5	125	1º
Estofamento rasgado	1	2	2	4	6º
Luz interna queimada	1	1	1	1	7º
Motor engasgado	4	4	5	80	2º

Multiplicando-se as três notas obtidas em cada fator (G x U x T), temos ao final um resultado, que representa a hierarquia de cada problema analisado, mostrando a seguinte hierarquia:

1.º Consertar o vazamento no sistema de freio (125 pontos).
2.º Reparar o motor que está engasgando (80 pontos).
3.º Trocar os pneus (48 pontos).
4.º Trocar a luz do freio que não acende (9 pontos).
5.º Consertar o para-lama amassado (8 pontos).
6.º Consertar ou trocar o estofamento rasgado (4 pontos).
7.º Trocar a luz interna do carro (1 ponto).

Embora eficiente e objetiva, essa matriz, como notaram, não considera um fator importante (recursos financeiros), principalmente na atualidade, onde há inexistência ou dificuldade de recursos monetários.

16.2.2. Matriz BASICO

Em face da inexistência do fator financeiro e ausência de interesse na opinião de clientes na Matriz GUT, os especialistas resolveram criar outra matriz, seguindo a mesma filosofia desse método, mas fazendo algumas adaptações e inclusões, surgindo daí a matriz BASICO, constituída de seis indicadores, cujo nome é acróstico das iniciais destes parâmetros:

1. Benefícios para a organização (B)
2. Abrangência dos resultados (A)
3. Satisfação dos clientes internos (empregados) (S)
4. Investimento necessário ou requerido (I)
5. Cliente externo satisfeito (C)
6. Operacionalidade simples (O)

Essa matriz é usada tanto para priorizar problemas quanto suas soluções. Ela possui indicadores mais abrangentes e que se adaptam à realidade atual, em que o tempo, os clientes e os recursos financeiros são escassos e desafiam a gerência de qualquer empresa.

Sua importância está associada a três benefícios:

- Assegura que os esforços e recursos sejam alocados de forma mais racional e eficiente, sem perda de tempo.
- Otimiza a relação custo-benefício por optar por solução mais eficiente ao menor custo.
- Aplicável à qualquer atividade (projetos, problemas, qualidade, produção, vendas, recursos humanos etc.).
- Garante a eficácia da solução/resultado de forma mais ágil e segura na tomada de decisão.

A simplicidade e objetividade dessa matriz gera confiança, segurança e agilidade na decisão. Cada um desses indicadores é avaliado numa escala de 1 a 5 (semelhante à GUT), mas o resultado final é obtido por meio da soma (e não multiplicação) de cada um dos seis fatores (BASICO), conforme mostrado abaixo:

	B	A	S	I	C	O
Índice	Benefício para a organização	Abrangência da solução	Satisfação dos funcionários	Investimento necessário	Satisfação dos clientes externos	Capacidade de Operacionalização
5	Vital importância	71 a 100%	Muito grande	Baixíssimo	Muito grande	Muito fácil
4	Significativo	41 a 70%	Grande	Baixo	Grande	Fácil
3	Razoável	21 a 40%	Médio	Médio	Médio	Médio
2	Poucos	6 a 20%	Pequena	Alto	Pouco	Difícil
1	Algum	< 6%	Indiferente	Altíssimo	Nenhum	Muito difícil

Porém, há um fator/indicador — INVESTIMENTO — que tem ponderação invertida, isto é, a nota 5 é atribuída à alternativa (problema/não conformidade) de menor custo para sua solução/realização, ao passo que o grau 1 é atribuída à alternativa que apresentou maior custo para sua reparação.

Na tabela abaixo, vemos um exemplo prático de sua aplicação em uma empresa que tinha vários projetos na área de RH, mas por não poder realizar todos ao mesmo tempo, resolveu priorizá-los, usando a matriz BASICO:

NÃO CONFORMIDADE	B	A	S	I	C	O	TOTAL	PRIORIDADE
Criar EAD	5	5	5	4	2	4	25	1.º
Melhoria na Refeição	5	5	4	2	2	5	23	3.º
Plano de Reconhecimento	5	5	5	3	2	5	25	2.º
Plano de Melhoria dos Serviços	5	4	4	3	1	4	21	4.º
Controle de *Turnover*	5	3	2	1	1	5	17	5.º
Sala de Pingue-Pongue	3	2	3	2	1	1	12	6.º

Em caso de haver empate entre dois ou mais problemas/alternativas, o desempate será feito pela nota mais alta obtida nos fatores (sucessivamente) C, B, I, O, A e S.

16.3. Origem ou Causa dos Problemas

As não conformidades constantes no relatório de auditoria foram, anteriormente, hierarquizadas, mostrando-nos a ordem ou *ranking* de suas prioridades.

O passo seguinte é verificar a causa principal, ou seja, aquela que deu origem ao surgimento do problema (não conformidade).

Temos o hábito no cotidiano de resolver problemas de acordo com os sintomas apresentados, pois dizemos que não temos nem tempo nem habilidade para nos aprofundar na análise do problema.

Para alguns, pode parecer simples ou até elementar encontrar a causa ou o elemento principal de um problema. Porém, o dia a dia nos contradiz, quando recapitulamos certas ocorrências havidas conosco.

Para clarear nossas memórias, vou citar dois exemplos comuns ocorridos com muitos de nós em nossa rotina diária:

1. Quando a luzinha do painel do carro acende, ficamos logo preocupados, pois isso indica problema no motor. Quando isso acontece, quase sempre começa a sair uma fumaça debaixo da tampa do capô dianteiro e imediatamente levantamos a tampa e vemos aquele barulhinho de água fervendo, com saída de

vapor. O frentista logo aparece e pede para esperar um pouco, pois é perigoso abrir a tampa do radiador com a água estando fervendo. Tão logo abaixa a temperatura, abrimos a tampa do radiador e vemos que não há mais água. Imediatamente enchemos o radiador com água e partimos sorridente até... o motor esquentar novamente. Isso ocorreu porque não procuramos verificar a causa principal do problema e atacamos o seu efeito (aquecimento do motor). Ao levar o carro à oficina, o mecânico que já está bem acostumado com esse problema, verá algum vazamento (furo ou rachadura) no radiador e mangueiras ou verificará o famoso cebolão, que faz recircular a água do motor, trocando a quente pela fria.

2. Este problema também é muito comum: quando estamos com febre alta, normalmente nos automedicamos com um antitérmico ou procuramos a sobra de algum antibiótico que temos em casa. Como geralmente isso não resolve, somos obrigados a ir ao médico, que sabe que uma febre tem várias origens, motivo pelo qual faz diversas perguntas, examina a pele, o corpo, a boca e outros lugares. Mede a pressão e temperatura e, muitas vezes, pede alguns exames e para nos ajudar a saber a causa principal da febre. Com base em todas as informações obtidas é que o médico fará seu diagnóstico, pois conhece o real problema. Só então ele receitará o remédio mais adequado ao seu problema por conhecer agora, com certeza, qual a causa/origem de sua febre.

Esses dois exemplos mostram o quão somos apressados em examinar superficialmente os problemas e, consequentemente, temos uma visão errada ou distorcida da causa principal dessas ocorrências.

Essa explicação preliminar é para mostrar que, em se tratando de empresa, os problemas são maiores, mais complexos, razão pela qual não é tão fácil descobrir sua causa principal.

16.3.1. Método dos 5 Porquês

Um engenheiro japonês de nome Taiichi Ohno, na década de 1980, criou essa metodologia Investigativa. Ele, juntamente com Shingeo Shingo e Eigi Toyoda, nas décadas de 70 a 80, idealizou a criação do famoso Sistema Toyota de Produção, também conhecido como Toyotismo, causando uma verdadeira revolução (1980) na área automobilística mundial por meio da introdução de 25 novos métodos de trabalho e de melhoria da qualidade (Kanban, Kaizen, *Just in Time*, CCQ, 5S e outros), imediatamente assimilados pelas demais montadoras de carro do mundo.

O raciocínio básico desse processo é: quando se faz a 1.ª e a 2.ª pergunta, geralmente as respostas são efeito ou consequência da causa principal, tanto é que essas primeiras perguntas são respondidas rapidamente. Só a partir da 3.ª pergunta é que se começa a entrar na causa principal do problema.

Seu processo é bem simples: faz-se sucessivamente cinco perguntas "por quê?" e cada resposta obtida será a próxima pergunta a ser feita. Ao se chegar à 5ª resposta, temos um grande grau de certeza de que chegamos à raiz do problema.

O importante é procurar encontrar uma resposta baseada na realidade dos fatos concretos (evidências), desprezando-se suposições ou "achismos" sobre o que poderia ou não estar ocorrendo. Isso pode provocar uma confusão ou dispersão na cabeça das pessoas.

Como o exemplo clássico de Ohno é na área técnica, apresentamos um tema mais simples e corriqueiro: "reclamação dos clientes (lojas comerciais) sobre a chegada frequente de mercadorias com bastante atraso, atrapalhando as vendas comerciais".

1.ª pergunta: Por que as mercadorias estão chegando às lojas com atraso?

R: Porque foram expedidas com atraso.

2.ª pergunta: Por que foram expedidas com atraso?

R: Porque houve atraso na produção das mercadorias.

3.ª pergunta: Por que houve atraso na produção das mercadorias?

R: Porque alguns componentes não estavam disponíveis no estoque (estoque zerado).

4.ª pergunta: Por que não estavam disponíveis no estoque?

R: Porque os pedidos de compras extras aos fornecedores não foram feitos no prazo normal.

5.ª pergunta: Por que não foram feitos no prazo normal?

R: Porque o planejamento e controle da produção não previu a alta de demanda nesse período.

Esse exemplo mostrou a causa-raiz como sendo a má atuação da área de previsão e controle de compras do fabricante e outras situações que podem ser melhoradas: criar estoque de segurança, simplificar o processo de compra e melhorar o relacionamento com fornecedores de modo a agilizar a reposição de estoque suplementar.

Para Ohno, essa metodologia de se perguntar cinco vezes "por quê?" é suficiente para encontrar a causa-raiz dos problemas. Todavia, não há uma necessidade obrigatória de ser sempre cinco vezes, podendo aumentar ou reduzir esse número de acordo com a grandeza e complexidade do problema estudado.

Se conheça a causa raiz do problema, para que a solução impeça que ele volte novamente.

16.3.2. Espinha de Peixe

Foi idealizado por Kaoru Ishikawa, um dos gurus japoneses da qualidade. Ele optou pela figura do peixe, que é a base da alimentação nipônica, facilitando, assim, o entendimento do diagrama. Ele desenvolveu dois tipos de diagramas espinha de peixe: Digrama dos 4M (também conhecido por Diagrama de Causa e Efeito) e Diagrama Sequencial.

16.3.2.1. Diagrama dos 4M

IshIkawa criou este modelo após uma pesquisa sobre quais seriam os principais fatores que contribuíam para o surgimento das causas de um problema. Após a apuração da pesquisa, sintetizou todas as informações em quatro grandes grupos responsáveis pela origem dos problemas. E como esses quatro fatores começavam com a letra M, ficou conhecido como Diagrama dos 4M, formado pelos seguintes fatores:

- Mão de obra: representando todo tipo de causa originária do empregado, seja por erro, omissão, descuido, esquecimento, desconhecimento, seja por falta de treinamento, ato inseguro, supervisão inadequada etc.
- Matéria-prima: refere-se aos insumos inadequados, fora das especificações, baixa qualidade, prazo vencido, degradados, com defeito, mau acondicionados etc.
- Máquinas: diz respeito a todo equipamento utilizado na empresa, como aparelhos, máquinas, acessórios, componentes, conservação, desgastes, falhas, obsoletos, mal rendimento, mal instalado, mal protegido, sem manutenção etc.
- Método: procedimento ou rotina de trabalho inadequada, burocrática; processos obsoletos, impróprios, irracionais, complicados, demorados, com risco, custos elevados etc.

Na figura desse modelo, as causas (4M) ficam do lado esquerdo do desenho e representam as diversos elementos que podem causar um problema. No lado direito do diagrama, representando a cabeça do peixe, aparece um retângulo onde mostra o problema que está ocorrendo.

O desafio do grupo de estudos é, com base no problema a ser estudado, levantar todas as causas possíveis em cada um dos M que podem causar o problema. Ao final, o grupo estuda todas as causas e identifica e testa aquela que pode ser a causa principal do problema. Às vezes, pode aparecer mais de uma causa. O mais importante é testar se a causa encontrada realmente é a responsável por toda a origem do problema.

Abaixo, mostramos um exemplo do cotidiano de todos que dirigem carro e têm problema com o alto consumo de combustível (fonte: *The Memory Jogger* - Michel Brassard).

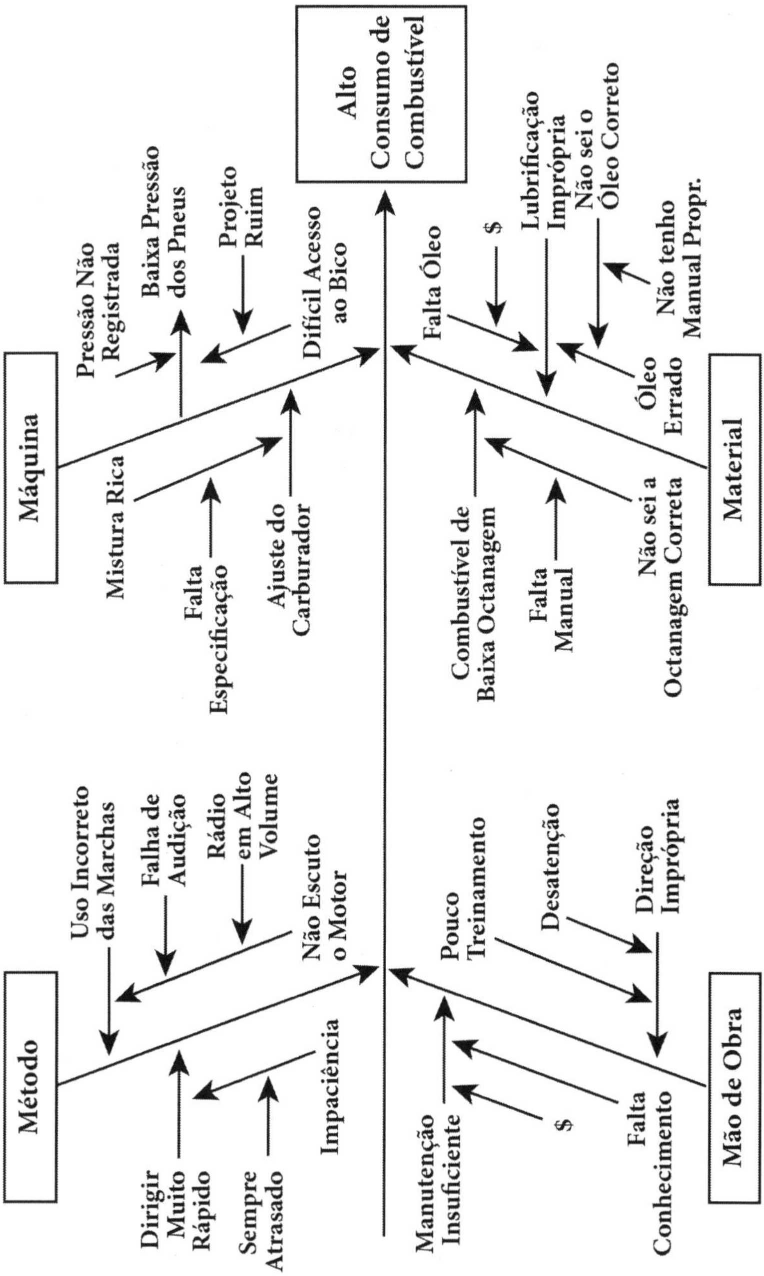
Alto
Consumo de
Combustível
Máquina
Pressão Não Registrada
Baixa Pressão dos Pneus
Projeto Ruim
Difícil Acesso ao Bico
Mistura Rica
Falta Especificação
Ajuste do Carburador
Material
Falta Óleo
$
Lubrificação Imprópria
Não sei o Óleo Correto
Não tenho Manual Propr.
Óleo Errado
Combustível de Baixa Octanagem
Falta Manual
Não sei a Octanagem Correta
Método
Uso Incorreto das Marchas
Falha de Audição
Rádio em Alto Volume
Não Escuto o Motor
Dirigir Muito Rápido
Sempre Atrasado
Impaciência
Mão de Obra
Pouco Treinamento
Desatenção
Direção Imprópria
Manutenção Insuficiente
$
Falta Conhecimento

Veja este outro exemplo apresentado por um dos pioneiros na qualidade no Brasil, Claudius D'Artagnan, mostrando as possíveis causas de desperdício de papel toalha nos banheiros da empresa.

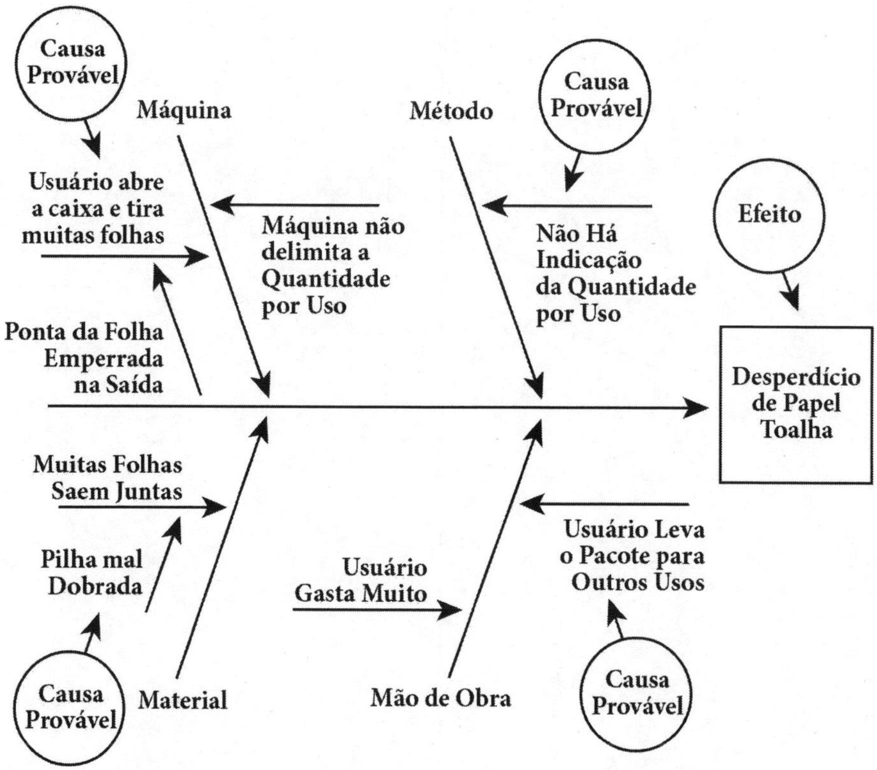

Hoje, com o avanço das técnicas da qualidade, é possível encontrar esse diagrama com mais de 10M (monotonia, *money*, motivação, *management*, mercado, metrologia, margem de lucro etc.).

16.3.2.2. Diagrama Sequencial

É uma metodologia semelhante a de um fluxograma de trabalho, em que uma atividade ou processo é decomposto em todas as suas etapas/passos. As espinhas de peixe representam os diversos passos ou etapas de um trabalho e a cabeça representa o processo. No exemplo apresentado (fonte Claudius D'Artagnan), mostramos uma das funções de uma recepcionista no encaminhamento de um visitante na empresa. No caso mostrado, a tarefa de recepção e encaminhamento se compõe de sete etapas. Caso haja um problema de mau atendimento, basta examinar cada um desses passos e será fácil identificar onde está a causa principal de uma falha no atendimento.

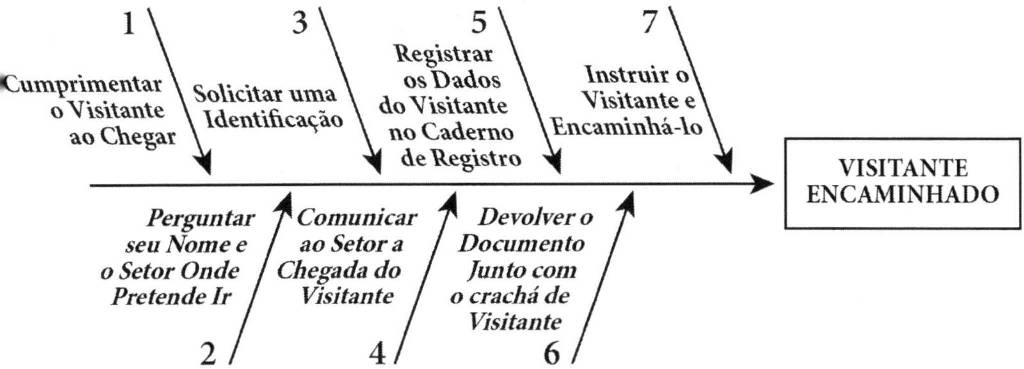

Outro exemplo mostrado, de autoria de Claudius D'Artagnan C. Barros, refere-se à identificação das causas de mau atendimento no pagamento de pedágio.

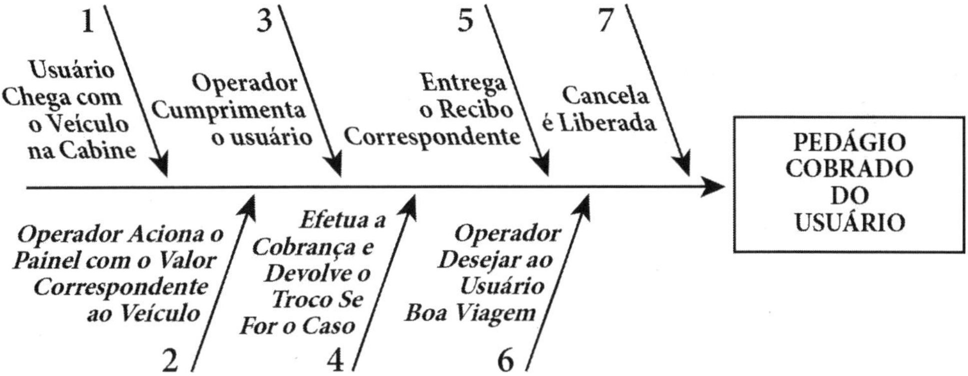

16.3.3. MASP (Método de Análise e Solução de Problemas)

É também um metodologia japonesa criada não só para encontrar a causa (ou causas) de um problema e, ao mesmo tempo, resolvê-lo por meio do uso de ferramentas da qualidade. Sua criação deveu-se à necessidade nipônica de melhorar o aprendizado de seus técnicos e engenheiros das ferramentas de melhoria da qualidade de bens e serviços.

Essa metodologia é constituída por uma sequência de passos ou ações sucessivas de análise da situação ocorrida, relembrando e questionando cada situação passada e conduzindo com raciocínio lógico para a solução de qualquer problema. Por essa razão, esse método foi chamado, inicialmente, de *QC Story* (*Quality Control History*) por historiar o trabalho/processo de melhoria, não só focando o conhecimento das causas, como também enfatizando a solução de problemas.

Dada a relativa complexidade e uma longa fase de execução (oito passos), recomenda-se essa metodologia somente para análise e solução de problemas complexos ou compostos por uma multiplicidade de variáveis ou funções envolvidas.

Um crédito especial deve ser dado ao prof. Vicente Falconi, pioneiro na transposição para o Brasil dessa e de muitas outras tecnologias japonesas de melhoria da qualidade. Foi ele quem batizou esse processo como MASP.

Trata-se de uma metodologia usada intensamente na área da qualidade e composta de oito passos ou etapas, a saber:

1.º. Identificar e definir o problema estudado.
2.º. Observar e historiar o problema.
3.º. Analisar profundamente o problema.
4.º. Propor um plano de ação.
5.º. Agir corretivamente.
6.º. Acompanhar e verificar o resultado das ações corretivas.
7.º. Padronizar a nova rotina/processo.
8.º. Concluir o trabalho.

Para aqueles que se interessarem em aprofundar o estudo sobre esse método, sugerimos a leitura do livro do Falconi (vide bibliografia).

17. Plano de Ação

Uma vez conhecidas e hierarquizadas as não conformidades, deve-se planejar ações de melhoria para corrigir as distorções/disfunções/irregularidades apontadas no relatório de auditoria. Essas ações de melhoria são de responsabilidade da gerência do órgão auditado, que poderá pedir ajuda a qualquer órgão de RH ou a um consultor interno.

Cada empresa deve encontrar a maneira mais apropriada/eficaz para a implantação das melhorias, pois não haverá progresso na gestão da organização sem o estabelecimento de ações estruturadas. e avaliação da implementação são condições mandatórias de sua estrutura (PNQ)

Para adoção dessas medidas, propõe-se a elaboração de um Plano de Ação.

O plano de ação — também conhecido como plano de trabalho ou de atividades — é uma metodologia voltada ao planejamento e acompanhamento de ações de melhoria em qualquer atividade. O plano se materializa num documento, cujo objetivo é atingir um resultado desejado ou esperado, relativamente à resolução de um mais problemas/atividades/assuntos/dificuldades. Para atingir esse objetivo, ele suscita medidas diversas a serem tomadas, bem como a identificação do(s) responsável(eis) pelas ações corretivas e preventivas sobre o assunto.

Existem várias ferramentas/instrumentos utilizados para a elaboração de um Plano de Ação — entre eles, o famoso Ciclo de Deming, mais conhecido como PDCA —, mas o mais utilizado e recomentado é o chamado processo 5W 2 H por ser mais simples e assimilável por qualquer pessoa. Sua origem é remota, havendo controvérsias sobre seu criador, tendo alguns admitindo sua paternidade ao famoso Aristóteles.

Trata-se de uma técnica largamente utilizada em qualquer situação: pessoal, grupal, organizacional, projetos, gestão de negócios e até planejamento estratégico. Ele é constituído das letras iniciais de sete perguntas, originárias de expressões inglesas:

1. *WHAT*? (O que deve ser feito?)
   Tomando por base a não conformidade analisada, teremos de dizer qual ou quais as medidas que temos de tomar para atingir o objetivo, a meta ou o alvo desejado/esperado. Devemos explicar quais as razões que justificam ser tomadas para que ocorra uma ação corretiva ou preventiva.
   P. ex., aumentar a produção; reduzir desperdícios; ampliar vendas; sensibilizar empregados; capacitar colaboradores; melhor condições de trabalho etc.
2. *WHY*? (Por que devemos tomar essas medidas?)
   Quais as justificativas para tomarmos essas medidas? Quais as razões ou motivos que nos levam a agir corretivamente/preventivamente?
   Nesse item, deve-se revelar, também, os resultados a serem obtidos com a implementação de ações e, se possível, criar um indicador, ou seja, uma medida quantitativa para medir o resultado de melhoria obtido.
   P. ex., reduzir desperdícios em 10%, ampliar margem de lucro, melhorar qualidade dos produtos, evitar acidentes, melhorar a imagem da empresa, evitar a perda de clientes etc.
3. *WHERE*? (Em que local (ou locais) serão efetuadas correções ou melhorias?)
   Qual sua abrangência (ampla ou restrita)?
   P. ex., na oficina; na área administrativa; nas lojas menores; no departamento de pessoal; na área dos computadores; no posto médico etc.
4. *WHEN*? (Quando será realizado?)
   Determina o tempo ou duração das ações corretivas/preventivas. Nesse item, deve-se, obrigatoriamente, informar a data de início e término (dia, mês e ano) das diversas ações. Se o assunto for complexo, pode-se mostrar um cronograma de atividades, revelando as ações paralelas e/ou complementares, mas todas com data de início e término. Lembre-se de que toda não conformidade tem um prazo estabelecido pela auditoria para sua eliminação. Os auditores começam a cobrar sua correção tão logo termina o prazo estabelecido ou acordado entre as partes.
   P. ex., início 02/07 e término 10/11.
5. *WHO*? (Quem vai fazer ou será o responsável pelas ações?)

Esse item exige que haja um responsável pelas ações, pois ele será a pessoa de contato dos auditores na hora da cobrança das medidas corretivas/preventivas. Não se admite dar respostas evasivas ou genéricas (setor tal, departamento x). É de vital importância ter um responsável pelas ações incidentes sobre cada não conformidade. Tem tanta importância para a auditoria como para o órgão auditado, pois essa pessoa deverá orientar, acompanhar e cobrar ações e cumprimento de prazos.
P. ex., João da Silva (Gerente do setor de recrutamento e seleção), Pedro Barata (Analista da Divisão de Remuneração).

6. *HOW*? (Como será feito?)
Refere-se à maneira/rotina/procedimentos/etapas/táticas a serem usadas para se atingir o resultado esperado/desejado. Como será implantada a ação? Em caso de complexidade do problema, pode-se elaborar um cronograma ou fases/etapas diversas do projeto a ser implementado.
P. ex., substituindo-se máquinas antigas; capacitando empregados; ampliando os pontos de inspeção; utilizando-se análises físico-químicas; alterando os processos ou o *layout*; estimulando os empregados etc.

7. *HOW MUCH*? (Quanto vai custar?)
Refere-se às despesas, custos ou investimentos a serem feitos para se chegar à solução do problema. Se não for possível apurar todos os dispêndios, faz-se uma estimativa analisando situações parecidas ou semelhantes (passadas ou presentes), de forma a se ter uma ideia ou dimensão aproximada do valor.
Lembre-se de que esse aspecto é muito importante, pois muitas ideias ou soluções maravilhosas são difíceis de serem adotadas por seu alto custo, pois os recursos financeiros são escassos em qualquer empresa. Há soluções maravilhosas que são necessárias e imperiosas, mas a carência de recursos impossibilita sua implantação.
P. ex., custo de implantação: R$ 80,000,00; aquisição de novos equipamentos: R$ 200.000,00; custo de recuperação de equipamento: R$ 50.000,00 (pago em cinco vezes); compra de computador: R$ 2.500,00.

Nunca é demais relembrar que nessa, ou em qualquer outra metodologia, o trabalho em equipe é muito importante, não só para aproveitar o máximo de variedade de sugestões, como pela escolha de alternativas valiosas, com conteúdo criativo, descomplicado e de melhor relação custo/benefício.

17.1. Exemplos de Planos de Ação

Com base nessas orientações e explicações, apresentamos abaixo 4 EXEMPLOS de Plano de Ação, sendo o primeiro um exemplo caseiro e os demais encontrados em qualquer empresa. Dada sua simplicidade, pode ser elaborado e utilizado por qualquer profissional.

PLANO DE AÇÃO	N.º: 1

SÍNTESE DA "NÃO CONFORMIDADE":
Gasto excessivo de eletricidade na residência, ultrapassando o orçamento previsto.

AÇÕES CORRETIVAS
1. O QUE SERÁ FEITO? Reduzir o consumo mensal de eletricidade.
2. COMO SERÁ FEITO? Tomando várias medidas: 1. Substituindo lâmpadas incandescentes por "LED"; 2. Reduzindo tempo de banho no chuveiro elétrico; 3. Utilizando ferro elétrico e máquina de lavar uma vez por semana; 4. Usar ventilador de teto em vez de ar-condicionado.
3. POR QUE SERÁ FEITO? Para reduzir custos, por causa de a esposa do casal estar desempregada e como medida de reeducação familiar. Espera-se uma redução de 20% na despesa.
4. ONDE SERÁ FEITO? Em todas as dependências da residência.

5. QUANDO SERÁ FEITO?
Imediatamente nesta semana, começando amanhã (01/06).

6. QUANTO CUSTARÁ?
Haverá um custo de R$ 100 para a aquisição de seis lâmpadas de LED. Não haverá custo de mão de obra na substituição das lâmpadas.

7. QUEM FARÁ?
Sérgio Costa, dono da residência.

ASS.:	**DATA:**

PLANO DE AÇÃO	**N.º: 2**

SÍNTESE DA "NÃO CONFORMIDADE":
Inexistência de sistema de controle sobre a participação de empregados em eventos de T&D (interno e externo), impedindo a identificação de informações de T&D sobre qualquer empregado.

AÇÕES CORRETIVAS
1. O QUE SERÁ FEITO? Criar cadastro de informações sobre programas de T&D em que participaram empregados da empresa.
2. COMO SERÁ FEITO? Formando um grupo de estudos, com dois profissionais de T&D e um de TI.
3. POR QUE SERÁ FEITO? Para facilitar o acesso de informações sobre T&D e tomar medidas de valorização e capataci tação profissional.
4. ONDE SERÁ FEITO? No setor de cursos, envolvendo todos os empregados da empresa.
5. QUANDO SERÁ FEITO? Iniciaremos em 03/07, com prazo de término para 03/08.
6. QUANTO CUSTARÁ? Em princípio, não haverá custo por se tratar de ação interna de criação de programa.

7. QUEM FARÁ? O analista de RH Pedro Paulo de Oliveira, do setor de treinamento, será o responsável pelo projeto.	
ASS.:	**DATA:**

PLANO DE AÇÃO	**N.º: 3**

SÍNTESE DA "NÃO CONFORMIDADE":
Processo seletivo para uma vaga de Aux. Administração, divulgada em jornal de grande circulação, provocando número exagerado de candidatos (300). Isso gerou ampliação no prazo de conclusão do processo, aumento de custos e outros problemas (filas, elevador lotado e reclamações de usuários do prédio).

AÇÕES CORRETIVAS
1. O QUE SERÁ FEITO? Disciplinar o processo seletivo quando houver poucas vagas.
2. COMO SERÁ FEITO? Criando norma ou orientação específica para processo seletivo com número reduzido de vagas.
3. POR QUE SERÁ FEITO? Para reduzir custos, otimizar o prazo de conclusão do processo e evitar outros problemas.

4. ONDE SERÁ FEITO?

Nos diversos órgãos e atividades de recrutamento e seleção de toda a empresa e subsidiárias.

5. QUANDO SERÁ FEITO?

A partir da 2.ª semana (10/03), com término previsto para 15/03.

6. QUANTO CUSTARÁ?

Custo praticamente zero, pois haverá apenas a criação de Norma.

7. QUEM FARÁ?

Pedro Paulo da Silva, gerente de Recrutamento e Seleção da Matriz.

ASS.:	DATA:

PLANO DE AÇÃO	N.º: 4

SÍNTESE DA "NÃO CONFORMIDADE":

Uma pesquisa de satisfação dos empregados revelou que 55% dos entrevistados reclamaram da qualida de e variedade da refeição servida no restaurante da empresa.

AÇÕES CORRETIVAS
1. O QUE SERÁ FEITO? Melhorar a qualidade e variedade das refeições.
2. COMO SERÁ FEITO? Face a restrição orçamentária de elevação de custos (não podemos admitir Nutricionista), criaremos um pequeno grupo (Máx. cinco) para melhorar cardápios, criar menus variados e encontrar novos fornecedores.
3. POR QUE SERÁ FEITO? Para alimentar melhor os empregados e, consequentemente, aumentar seu grau de motivação.
4. ONDE SERÁ FEITO? Na cozinha de manipulação de alimentos e confecção de almoço e lanches.
5. QUANDO SERÁ FEITO? Levaremos um mês (02/08 a 02/09) para a apresentação da proposta. Três meses depois da implantação, faremos nova pesquisa de satisfação.
6. QUANTO CUSTARÁ? Não teremos custo adicional, pois pesquisaremos novos fornecedores e exigiremos preço e qualidade dos alimentos.

7. QUEM FARÁ? O chefe da cozinha Genésio Bispo será o responsável pelo projeto de melhoria.	
ASS.:	**DATA:**

18.
Anexo I

***Checklist* de Indicadores** Abrangendo Todos os Cinco Subsistemas de RH (infelizmente, por falta de espaço, não podemos inserir mais de 2.000 pontos de controle)

INSTRUMENTO DE VERIFICAÇÃO (*CHECKLIST*)

SUBSISTEMA 1: PROVISÃO DE RECURSOS HUMANOS

SUMÁRIO: Compreende uma variedade de atividades, rotinas, procedimentos e processos relacionados à permanência das condições que estimulam a atração e escolha de novos colaboradores que se adaptem ao perfil desejado pela organização. Abrange normalmente as funções de planejamento de RH, acompanhamento do mercado de trabalho, recrutamento, seleção, investigação social, admissão e integração social.

REFERÊNCIAS BÁSICAS: Normas, procedimentos, regulamentos e políticas de pessoa, Consolidação das Leis do Trabalho (CLT), Normas Regulamentadoras (NRs), decisões emitidas por órgãos superiores do trabalho (DRT, TST), Normas Regulamentadoras (NRs), Normas, Portarias, Decretos e Leis e outros documentos legais que regulam as relações trabalhistas.

PONTOS DE CONTROLE (Indicadores)	(*)
PLANEJAMENTO DE RECURSOS HUMANOS 1. Alinhamento do planejamento de recursos humanos com o plano estratégico da empresa. 2. Normas/rotinas sobre previsão/estimativa de mão de obra futura (direta ou indireta). 3. Existência de mapas/inventário de substituições ou previsão de novas vagas (promoção, demissão, aposentadoria, ampliações, restruturações, licenças etc.). 4. Sistema/processo de acompanhamento regular do fluxo de movimentação de empregados (saídas, entradas, transferência, requisição, promoção, demissão etc.). 5. Existência de normas ou políticas de promoções (verticais e horizontais). 6. Equipe capacitada para planejar a redução de mão de obra decorrente de redução de atividades, situações sazonais ou impacto tecnológico. 7. Definição/priorização de fontes supridoras de mão de obra (mercado, escolas técnicas, faculdades, sindicatos, associações de classe, agências de emprego etc.). 8. Existência de critérios sobre dimensionamento do quantitativo de pessoal/força de trabalho. 9. Rotina institucional/padronizada sobre critérios e autorização para abertura de vagas. 10. Existências de justificativas sobre preferências de execução/condução de processo seletivo (própria da empresa, consultoria externa, agência de emprego, faculdade, sindicato etc.). 11. Existência de previsão orçamentária para novas admissões. 12. Observância de cumprimento de obrigações/cotas legais no processo de admissão (deficientes físicos, menores, estagiários, surdo-mudo, outras deficiências). 13. Cumprimento de exigências/requisitos legais e/ou normativos para ocupação do cargo (escolaridade, sexo, idade, experiência, registro no conselho de classe, habilitação etc.). 14. Existência de cadastro/inventário do quadro de pessoal da empresa. 15. Critérios/definições sobre o uso do cadastro de reserva de candidatos a empregos. 16. Sistema adequado de informação aos empregados sobre abertura de processo seletivo.	
(*) PA = Práticas Adequadas PPA = Práticas Parcialmente Adequadas PI = Práticas Inadequadas ou Inexistentes NA = Não se Aplica ao item analisado	
COMENTÁRIOS: Use o verso da página.	

INSTRUMENTO DE VERIFICAÇÃO (*CHECKLIST*)

PONTOS DE CONTROLE (Indicadores)	(*)
RECRUTAMENTO E SELEÇÃO	
1. Observância das exigências normativas para abertura de vagas em processo seletivo (solicitação, autorização, disponibilidade financeira, remanejamento interno etc.).	
2. Adequação das normas/políticas de recrutamento e seleção de pessoal.	
3. Adequação das informações prestadas aos candidatos sobre a vaga e a empresa (salário, benefícios, regime de trabalho, atribuições etc.).	
4. Adequação dos meios/veículos de informações utilizados na divulgação de vagas.	
5. Correção dos documentos/exigências normativas de solicitação, abertura e autorização de vagas.	
6. Adequação do edital, anúncios, cartazes e/ou fachas de recrutamento de mão de obra.	
7. Adequação do veículo de divulgação utilizado (boca a boca, anúncio, convocação etc.) e tempo de duração/prazo de recrutamento.	
8. Perfil/especificação (escolaridade, experiência, atribuições) do cargo divulgado, aderente ao Plano de Cargos da empresa.	
9. Disponibilidade orçamentaria para cobrir as despesas da vaga.	
10. Existência de normas/critérios sobre remanejamento interno de pessoas para suprir a vaga aberta.	
11. Justificativa de contratação de entidade externa para realizar o processo seletivo.	
12. Existência de norma/processo de utilização do cadastro de reserva.	
13. Existência de norma sobre prioridades de inscrição em recrutamento (idade, sexo, deficiência, morar perto etc.).	
14. Ausência/inexistência de qualquer critério discriminatório ou preconceituoso no processo seletivo de qualquer natureza (racial, idade, sexo, compleição física, religião, estado civil, naturalidade, deficiência, bairro residencial etc.).	
15. Adequação dos locais de recepção de candidatos.	
16. Facilidade e agilidade no processo de inscrição de candidatos.	
17. Adequação dos critérios de investigação social (Serasa, SPC, Banco Central, entidades policiais).	
18. Adequação do cronograma de recrutamento e seleção.	
19. Adequação dos processos seletivos para aprendizes, estagiários e *trainees*.	
20. Eficiência do processo de recrutamento virtual (via Internet).	
21. Participação do solicitante da vaga em todo o processo seletivo.	
22. Conhecimento pelos empregados de todas as informações sobre processos seletivos internos e externos.	
23. Adequação do número de candidatos em relação à quantidade de vagas oferecidas.	

PONTOS DE CONTROLE (Indicadores)	(*)
24. Adequação da formação e funcionamento das Comissões Julgadoras de processos seletivos. 25. Qualificação das empresas/consultorias contratadas para conduzir o processo seletivo. 26. Observância das cotas/vagas reservadas a portadores de deficiência. 27. Observância obrigatória da ordem de classificação de candidatos para admissão.	
(*) PA = Práticas Adequadas PPA = Práticas Parcialmente Adequadas PI = Práticas Inadequadas ou Inexistentes NA = Não se Aplica ao item analisado	
COMENTÁRIOS: Use o verso da página.	

INSTRUMENTO DE VERIFICAÇÃO (*CHECKLIST*)

SUBSISTEMA 2: APLICAÇÃO DE RECURSOS HUMANOS

SUMÁRIO: Compreende um conjunto de atividades, rotinas, processos e políticas voltadas ao melhor posicionamento das pessoas nas suas posições (funções e cargos). Normalmente, são atividades ligadas à arquitetura (delineamento) de cargos, análise e descrição de atribuições, bem como toda a gama de atividades de administração de pessoal (Departamento de Pessoal).

REFERÊNCIAS BÁSICAS: Normas e rotinas internas, bem como as Consolidações da Legislação do Trabalho (CLT), Reforma Trabalhista (Lei 13.467/2017), Acordos Sindicais, Manual de Cargos, CBO (Classificação Brasileira de Ocupações), Leis Previdenciárias e decisões emitidas pelos órgãos superiores do trabalho (MT, TST,DRT) por meio de decretos, súmulas, enunciados, pré-julgados etc.

PONTOS DE CONTROLE (Indicadores)	(*)
ARQUITETURA/DELINEAMENTO/MODELAGEM DE CARGOS 1. Existência de Plano/Manual de Cargos atualizado. 2. Adequação do processo/metodologia/modelagem da descrição de cargos. 3. Prevalência na multifuncionalidade dos cargos (cargos amplos). 4. Periodicidade de atualização/revisão do plano de cargos.	

PONTOS DE CONTROLE (Indicadores)	(*)
5. Participação dos supervisores/gerentes na atualização do plano de cargos. 6. Inexistência de empregados com desvios funcionais. 7. Inexistência de ocupantes em cargos extintos. 8. Inexistência de ocupantes em cargos extraplano. 9. Inexistência de empregados que não têm totalmente um dos requisitos básicos do cargo que ocupa (escolaridade, experiência, registro em conselho profissional, habilitação para dirigir etc.). 10. Inexistência de cargo(s) sem provimento/ocupantes (cargo vago). 11. Cumprimento/observância da utilização da codificação de cargos segundo a CBO (classificação brasileira de ocupações). 12. Observância da nomenclatura/titulação dos cargos em consonância com o mercado. 13. Adequação dos critérios para fixação dos requisitos de qualificação dos cargos (escolaridade, experiência etc.). 14. Conhecimento pelos gerentes/supervisores dos requisitos de qualificação de cargos dos empregados de sua equipe. 15. Adequação e funcionalidade dos requisitos/fatores utilizados na avaliação de cargos. 16. Utilização de critério técnico/tradicional e padronizado na redação das atribuições de cada cargo (o quê? como? para quê?). 17. Adequação do critério de hierarquização dos cargos.	
(*) PA = Práticas Adequadas PPA = Práticas Parcialmente Adequadas PI = Práticas Inadequadas ou Inexistentes NA = Não se Aplica ao item analisado	
COMENTÁRIOS: Use o verso da página.	

INSTRUMENTO DE VERIFICAÇÃO (*CHECKLIST*)

PONTOS DE CONTROLE (Indicadores)	(*)
ADMINISTRAÇÃO DE PESSOAL (DP) 1. Atualização/adequação do Livro de Inspeção do Ministério do Trabalho. 2. Adequação/correção do pagamento de pensão judicial. 3. Controle de empregados temporários e de terceirizados. 4. Pagamento de serviços a terceiros (pessoa física e jurídica) - RPA, NF.	

PONTOS DE CONTROLE (Indicadores)	(*)
5. Correção da provisão do 13.º salário. 6. Recolhimento de contribuições (INSS, FGTS e outras). 7. Provisão e contabilização de férias. 8. Controle de vale-alimentação e vale-transporte. 9. Controle de pagamento a instituições médicas (AMIL, Golden Cross, Unimed, Assim). 10. Controle do desconto sobre auxílio-farmácia. 11. Organização e atualização (manual ou automática) das fichas de registros de empregados (FRE). 12. Informação mensal ao M.T. sobre empregados admitidos e demitidos. 13. Controle (manual ou automático) dos documentos de autorização de realização de horas extras. 14. Observância do limite diário de horas extras (2h), salvo acordo em contrário. 15. Controle da frequência diária (ponto eletrônico ou cartão/folha/livro de ponto). 16. Notificação de dispensa ao empregado (Art. 477 da CLT). 17. Homologação de rescisões contratuais sem a anuência/presença de Sindicato ou DRT. 18. Devolução de equipamentos da empresa, quando da rescisão (rádio, telefone, computador,ferramentas, calculadora, GPS, EPI, crachás etc.). 19. Controle de adiantamento de férias. 20. Controle de prestação de contas sobre viagens (diária de viagem). 21. Controle de licenças (médica, maternidade, paternidade, sem remuneração). 22. Controle de afastamento por acidente de trabalho. 23. Controle de documento autorizando a dispensa do aviso-prévio. 24. Adequação de cálculo e pagamento de verbas rescisórias. 25. Comunicação (escrita ou virtual) sobre dispensa de empregados aos diversos setores interessados/afetados (segurança, financeiro, convênio, benefícios etc.). 26. Concessão de férias até 12 meses após a aquisição. 27. Comunicação do aviso de férias ao empregado, com antecedência mínima de 30 dias. 28. Assinatura do empregado no documento/recibo de comunicação de férias (ou confirmaçãode recebimento por e-mail ou aplicativo de celular). 29. Anotação do período de férias na FRE. 30. Anotação da carteira de trabalho antes do gozo de férias. 31. Controle sobre programação de férias. 32. Controle sobre férias trabalhadas e não gozadas.	
(*) PA = Práticas Adequadas PPA = Práticas Parcialmente Adequadas PI = Práticas Inadequadas ou Inexistentes NA = Não se Aplica ao item analisado	
COMENTÁRIOS: Use o verso da página.	

INSTRUMENTO DE VERIFICAÇÃO (*CHECKLIST*)

PONTOS DE CONTROLE (Indicadores)	(*)
33. Declaração formal do empregado sobre a opção do recebimento de vale-transporte.	
34. Comparação entre o valor total do IR descontado com o total recolhido nas DARFs.	
35. Concessão de cestas básicas aos empregados, de acordo com o PAT.	
36. Cumprimento do prazo máximo de 48 horas para atualização e devolução da carteira de trabalho.	
37. Organização, controle e facilidade de localização de documentos no arquivo inativo de empregados (arquivo morto).	
38. Funcionamento do processo de concessão de aposentadoria.	
39. Controle e pagamento do adicional por tempo de serviço (anuênio, biênio, triênio, quinquênio).	
40. Controle e listagem dos empregados portadores de necessidades especiais (Lei 7853/89).	
41. Controle do benefício auxílio-creche (beneficiários, custos etc.).	
42. Controle e atualização do banco de compensação de horas.	
43. Controle do benefício salário-maternidade (beneficiários, custos etc.).	
44. Controle do pessoal isento de ponto (motoristas, vendedores, técnicos, demonstradores, propagandistas, gerentes, supervisores/encarregados etc.).	
45. Controle do programa de alimentação do trabalhador (PAT).	
46. Controle de atestados médicos usados para justificação de faltas.	
47. Concordância/autorização formal das chefias para realização de horas extras em suas áreas.	
48. Confirmação de igualdade entre o número de horas extras pagas com as horas efetivamente trabalhadas	
49. Cumprimento das normas trabalhistas por ocasião do aviso-prévio.	
50. Correção dos pagamentos efetuados extrafolha, resultantes de acertos de erros ou antecipação de valores com autorização superior.	
51. Correção dos descontos decorrentes de adiantamento salarial.	
52. Ausência de menores trabalhando em áreas insalubres ou periculosas.	
53. Correção da aplicação do índice de correção salarial, obtido em acordo ou dissídio, tabelas salariais.	
54. Adequação/correção de pagamentos de diferenças salariais, oriundas de substituição por Férias.	
55. Correção da inclusão no PIS/PASEP de empregados recém-admitidos.	
56. Empregados constantes da folha são colaboradores ativos (não há empregado fantasma).	
57. Dedução de faltas e atrasos no desconto previdenciário.	

PONTOS DE CONTROLE (Indicadores)	(*)
58. Preservação/guarda de documentos trabalhistas durante o tempo mínimo normativo/legal. 59. Controle/acompanhamento dos controles dos processos trabalhistas e previdenciários. 60. Pagamento não cumulativo entre o adicional de insalubridade e o de periculosidade. 61. Pagamento da multa de 40% sobre o saldo do FGTS nos casos de demissão sem justa causa. 62. Inclusão das comissões no cálculo do DSR pagas a empregados comissionados. 63. Observância de considerar mês integral, em relação ao 13.º salário, a fração igual ou superior a 15 dias trabalhados.	
(*) PA = Práticas Adequadas PPA = Práticas Parcialmente Adequadas PI = Práticas Inadequadas ou Inexistentes NA = Não se Aplica ao item analisado	
COMENTÁRIOS: Use o verso da página.	

INSTRUMENTO DE VERIFICAÇÃO (*CHECKLIST*)

PONTOS DE CONTROLE (Indicadores)	(*)
64. Controle de frequência escolar de empregados jovem-aprendizes, entre 14 e 24 anos. 65. Existência de quadro de aviso, contendo disposições da CLT (Art. 433) referentes ao trabalho de menores. 66. Controle do cadastro de movimentação de pessoal (promoção, transferência, cessões, requisições etc.). 67. Exames admissionais feitos antes da assinatura de contrato de trabalho. 68. Controle de declaração anual de trajeto feito pelo usuário do vale-transporte. 69. Concessão do vale-transporte correspondente ao número de dias úteis do mês. 70. Pagamento do adicional de interinidade ao empregado que assume função vaga ou substituição de titular. 71. Pagamento de adicional de ensino a empregado designado, eventualmente, para ministrar aula ou trinamento. 72. Pagamento de prêmio ou bônus a empregado que realizou trabalho técnico ou científico que criou, comprovadamente, benefícios/melhoria nos processos.	

PONTOS DE CONTROLE (Indicadores)	(*)
73. Pagamento de taxa de quilometragem ao empregado que usou carro próprio para realização de trabalhos da empresa. 74. Controle de declaração de não utilização de vale-transporte. 75. Igualdade do somatório dos contracheques com o valor total da folha de pagamento. 76. Controle de Acordos e Dissídios Coletivos. 77. Controle das guias de recolhimentos de tributos. 78. Exatidão dos documentos de recolhimentos (valor, data e preenchimento correto). 79. Controle e atualização dos documentos sobre vale-transporte. 80. Igualdade de valores entre os recibos de adiantamento salarial com os valores da folha de pagamento. 81. Atualização e controle (manual ou automático) das Fichas de Registro de Empregados (FRE). 82. Controle quantitativo e qualitativo dos acidentes de trabalho. 83. Controle do cumprimento das cláusulas de acordos e dissídios. 84. Concessão de no mínimo 30 min. para repouso e alimentação aos empregados com jornada de oito horas. 85. Cumprimento da jornada semanal máxima de 44 horas. 86. Planejamento da escala de revezamento, de forma que o dia de repouso recaia, preferencialmente em um domingo. 87. Incidência no cálculo do imposto de renda na fonte de pró-labore e outros benefícios (aluguel, escola, academia, idiomas, estacionamento etc.), concedios a dirigentes da empresa. 88. Elaboração mensal do CAGED e seu envio à DRT no prazo regulamentar. 89. Observância do limite máximo de 90 dias para os contratos de experiência. 90. Segregação de funções de registro, preparação, conferência e aprovação das atividades de elaboração da folha de pagamento.	
(*) PA = Práticas Adequadas PPA = Práticas Parcialmente Adequadas PI = Práticas Inadequadas ou Inexistentes NA = Não se Aplica ao item analisado	
COMENTÁRIOS: Use o verso da página.	

INSTRUMENTO DE VERIFICAÇÃO (*CHECKLIST*)

SUBSISTEMA 3: MANUTENÇÃO DOS RECURSOS HUMANOS

SUMÁRIO: Compreende uma variedade de atividades, rotinas, procedimentos e processos relacionados à permanência das condições que estimulam a fixação e continuidade dos colaboradores na organização. Abrange normalmente as funções de cargos, salários, benefícios, qualidade de vida, saúde, higiene e segurança no trabalho e relações trabalhistas e sindicais.

REFERÊNCIAS BÁSICAS: Consolidação das Leis do Trabalho (CLT), Plano de Cargos e Salários, Plano de Benefícios, Normas Regulamentadoras (NRs), Normas Técnicas da ABNT, Convenção da OIT (Organização Internacional do Trabalho), Acordo/Convenção do Trabalho, Normas, Portarias, Decretos, Leis e outros documentos legais que regulam as relações trabalhistas e a manutenção das condições adequadas sobre higiene, saúde, segurança e ambiente de trabalho.

PONTOS DE CONTROLE (Indicadores)	(*)
I. CARGOS E SALÁRIOS	
1. Existência de Manual ou Plano de Cargos.	
2. Inexistência de cargos sem ocupantes (cargos vagos).	
3. Adequação dos requisitos (escolaridade, experiência, responsabilidades) fixados para oscargos da empresa.	
4. Inexistência de empregados que não possuem ou não atendem aos requisitos dos cargosque ocupam.	
5. Adequação da hierarquia funcional dos cargos.	
6. Adequação do encarreiramento atual dos cargos.	
7. Existência de critérios/normas formais de atualização, reavaliação e/ou revisão dos cargos.	
8. Conhecimento pelos empregados de seus níveis ou referências salariais.	
9. Conhecimento dos empregados do conteúdo e requisitos de seus cargos.	
10. Adequada correlação dos cargos com suas atribuições.	
11. Nomenclatura adequada dos cargos (semelhante a do mercado).	
12. Codificação dos cargos segundo a CBO (classificação brasileira de ocupações).	
13. Participação dos supervisores e gerentes na atualização do Plano de Cargos.	
14. Conhecimento pelos empregados de atribuições e responsabilidades do cargo que ocupam/exercem.	

15. Adequação e atualização periódica do Plano de Cargos. 16. Avaliação dos cargos, segundo algum método científico (escalonamento, graus predeterminados, pontos, Hoyler, Hay, etc.). 17. Existência de normas/procedimentos para ajustamento de empregados situados fora (acima ou abaixo) da faixa salarial do cargo. 18. Existência de norma/critério de tratamento de empregados situados há muitos anos no final da faixa salarial.	
(*) PA = Práticas Adequadas PPA = Práticas Parcialmente Adequadas PI = Práticas Inadequadas ou Inexistentes NA = Não se Aplica ao item analisado	
COMENTÁRIOS: Use o verso da página.	

INSTRUMENTO DE VERIFICAÇÃO (*CHECKLIST*)

PONTOS DE CONTROLE (Indicadores)	(*)
19. Norma/procedimento de tratamento de empregado que não possui os requisitos do cargo. 20. Existência de norma/procedimento sobre readaptação/reaproveitamento de empregado causado por acidente ou doença ocupacional. 21. Normas/procedimentos sobre ações preventivas e/ou corretivas sobre desvio funcional. 22. Existência de reclamações trabalhistas sobre cargos e salários. 23. Adequação do Plano de Cargos à realidade da empresa e do mercado de trabalho. 24. Existência de normas/procedimentos de ampliação/alargamento de cargos (horizontal e vertical). 25. Existência de critérios/normas de análise de discrepâncias/distorções/irregularidades funcionais e/ou salariais. 26. Critério/norma de concessão de promoção horizontal (mudança de salário). 27. Critério/norma de concessão de promoção vertical (mudança de cargo). 28. Manutenção dos procedimentos de confidencialidade das tabelas salariais. 29. Totalidade dos cargos descritos e especificados no Plano/Manual de Cargos. 30. Razão constante (3%, 5%) entre os níveis (*steps*) salariais, evitando muitas superposições (*overlaps*) salariais. 31. Participação periódica (ativa ou passiva) da empresa em pesquisas salariais com empresas da região onde atua.	

PONTOS DE CONTROLE (Indicadores)	(*)
32. Participação em entidades/associações (grupos de pesquisa) ligadas a cargos e salários. 33. Comparação periódica dos salários internos com os externos (mercado). 34. Normas/critérios sobre distribuição de PLR (participação nos lucros e resultados). 35. Adequação do delineamento/modelagem do cargo (amplo ou estreito). 36. Adequação do critério de pagamento de gerentes e supervisores (gratificação, remuneração global). 37. Existência de intercâmbio (direto ou indireto) de informações com empresas ou grupos de remuneração. 38. Adequação/funcionamento das comissões de promoção da empresa. 39. Adequação dos planos/programas de incentivos salariais. 40. A descrição dos cargos segue critérios ou padrões de regularidade (o quê? como? e para quê?). 41. Existência de critério normativo sobre salário admissional (sempre 1.º nível ou não). 42. Existência em cada órgão/departamento de plano de cargos para consulta livre pelos empregados. 43. Cargos delineados de forma (sempre que possível) a criar carreiras funcionais. 44. Concessão de aumento salarial espontâneo (além do aumento geral). 45. Existência de significativa diferença salarial entre o supervisor/gerente e seus liderados. 46. A titulação dos cargos contempla profissões regulamentadas (médico, contador, assistente social, enfermeiro, engenheiro etc.).	
(*) PA = Práticas Adequadas PPA = Práticas Parcialmente Adequadas PI = Práticas Inadequadas ou Inexistentes NA = Não se Aplica ao item analisado	
COMENTÁRIOS: Use o verso da página.	

INSTRUMENTO DE VERIFICAÇÃO (*CHECKLIST*)

PONTOS DE CONTROLE (Indicadores)	(*)
II. BENEFÍCIOS 1. Existência de políticas/normas formais de benefícios aos empregados. 2. Concessão de complemento salarial no caso de auxílio-doença (acima de 15 dias). 3. Existência de programa de incentivo à aposentadoria antecipada ou postergada.	

PONTOS DE CONTROLE (Indicadores)	(*)
4. Existência de pensão/pecúlio ou complementação salarial ao cônjuge de empregado falecido. 5. Pagamento de algum benefício monetário espontâneo ao empregado que se aposenta. 6. Pagamento de benefício anual, além do 13.º (14.º, 15.º, bônus, gratificação etc.). 7. Existência de cooperativa de crédito e/ou consumo. 8. Existência de lojinha para venda de produtos da empresa para os empregados. 9. Convênio com bancos e instituições financeiras para empréstimos e outras operações. 10. Existência de posto bancário, caixa eletrônico ou loteria nas instalações da empresa. 11. Pagamento de verbas ou reembolso de representação ou cartão corporativo para gerentese diretores. 12. Fornecimento de refeições e lanches para empregados (com ou sem participação financeira). 13. Concessão de auxílio-educação para empregados-estudantes de 2.º e/ou 3.ºgraus (bolsa integral ou parcial). 14. Concessão de vale-refeição ou reembolso de refeição. 15. Concessão de vale-transporte. 16. Fornecimento de cestas básicas, auxílio alimentação e cestas natalinas. 17. Fornecimento de café da manhã aos empregados que chegam antes do início dos trabalhos. 18. Existência e funcionamento do serviço/ambulatório/posto médico. 19. Funcionamento/adequação dos serviços e profissionais de saúde conveniados com a empresa. 20. Existência e funcionamento do auxílio/convênio farmácia. 21. Existência e funcionamento de convênio com óticas. 22. Adequação dos programas/campanhas educativas de saúde. 23. Adequação do atendimento do serviço de assistência social. 24. Adequação do transporte coletivo prestado pela empresa. 25. Adequação do programa de reembolso de taxa de quilometragem (uso de carro do empregado a serviço da empresa). 26. Adequação do auxílio combustível a executivos e/ou pessoal de venda. 27. Adequação do programa de cessão/empréstimo/uso de viaturas da empresa por empregados (vendedores, gerentes, assistência técnica). 28. Funcionamento do programa de transporte de gerentes (casa-empresa-casa) em viaturasda empresa ou contratadas. 29. Funcionamento do programa de alfabetização de empregados (1.ª grau). 30. Programa de assinaturas de material educativo (livro, revistas técnicas, manuais, vídeos etc.). 31. Concessão de seguro de vida em grupo para empregados. 32. Funcionamento do horário-flexível.	

PONTOS DE CONTROLE (Indicadores)	(*)
(*) PA = Práticas Adequadas PPA = Práticas Parcialmente Adequadas PI = Práticas Inadequadas ou Inexistentes NA = Não se Aplica ao item analisado	
COMENTÁRIOS: Use o verso da página.	

INSTRUMENTO DE VERIFICAÇÃO (*CHECKLIST*)

PONTOS DE CONTROLE (Indicadores)	(*)
III. RELAÇÕES TRABALHISTAS E SINDICAIS 1. Cadastro atualizado de entidades e dirigentes sindicais. 2. Monitoração do clima motivacional em relação ao ânimo e grau de satisfação dos empregados. 3. Existência de canais de comunicação entre empresa, sindicatos e órgãos de classe. 4. Atividade ou pessoa destinada a atender queixas, reclamações e sugestões de empregados. 5. Palestras/folhetos para gerentes e supervisores sobre relações trabalhistas e sindicais. 6. Capacitação e funcionamento do grupo que atua em negociações sindicais. 7. Funcionamento do sistema de comunicações aos empregados sobre cumprimento pela empresa das cláusulas econômicas e sociais dos acordos trabalhistas. 8. Existência de plano de contingência (plano B) para casos de greves e emergências (enchentes, falta de luz, sinistros etc.). 9. Adequação do relacionamento entre o Grupo de Negociação e os Dirigentes Sindicais. 10. Existência de pessoa ou equipe de RH que analisa as questões/reclamações trabalhistas (de empregado e ex-empregado). 11. Relações com sindicatos são adequadas, satisfatórias e frequentes. 12. Empresa paga em dia salários e benefícios, seguindo cronograma mensal de pagamento. 13. Há conselhos de fábrica ou comitês de empresa. 14. Ausência de reclamações trabalhistas sobre horas extras. 15. Ausência de casos de punições recentes (injustas ou não). 16. Empregados participam dos lucros e resultados da empresa. 17. Época de concessão de férias é combinada/negociada de comum acordo entre chefia e empregado.	

18. Existência de liberalidade ou compensação quando o empregado atrasa na chegada ao trabalho.
19. Empresa faculta/libera a venda de férias parciais.
20. Existência de empregados há mais de cinco anos sem promoção (horizontal ou vertical).
21. Demissões realizadas de maneira criteriosa e sem preconceito.
22. Supervisores e gerentes elogiam (pessoalmente ou em público) empregados que se destacam (desempenho, criatividade, economia etc.).
23. Empresa cumpre todos os itens/cláusulas do acordo.

IV. HIGIENE NA MANIPULAÇÃO DE ALIMENTOS (ANVISA)

1. Coleta seletiva de óleo e azeite queimado, em recipiente adequado, oriundo de frituras (evitando o despejo na pia, vaso, ralo etc.).
2. Higienização/dedetização periódica (semestral/anual) das instalações da dispensa e cozinha.
3. Pia de lavagem de alimentos e de vasilhames separada da pia de lavagem das mãos.
4. Banheiros e vestiários situados longe do local de preparo de alimentos.
5. Empregados da cozinha e refeitório lavam as mãos após utilização dos banheiros.
6. Caixas d'água, cisterna e outros reservatórios de água limpos e higienizados semestralmente.
7. Os preparadores de alimentos usam uniforme, cabelos cobertos com redes ou toucas e têm a barba aparada.
8. Troca diária de uniformes do pessoal que trabalha na cozinha.
9. Pessoal de manipulação de alimentos realiza exames periódicos de saúde.

(*) PA = Práticas Adequadas PPA = Práticas Parcialmente Adequadas PI = Práticas Inadequadas ou Inexistentes NA = Não se Aplica ao item analisado

COMENTÁRIOS: Use o verso da página.

INSTRUMENTO DE VERIFICAÇÃO (*CHECKLIST*)

PONTOS DE CONTROLE (Indicadores)	(*)
V. SEGURANÇA NO TRABALHO **NR-4 (Serviços Especializados em Engenharia de Segurança e Medicina do Trabalho -SESMET)** 10. Serviço especializado de engenharia de segurança e medicina do trabalho (SESMET) registrado no Ministério do Trabalho.	

PONTOS DE CONTROLE (Indicadores)	(*)
11. Existência de manual/procedimentos sobre saúde, higiene e segurança no trabalho. 12. SESMET obedece ao quadro mínimo de dimensionamento previsto na NR-4. 13. Realização de campanhas periódicas de orientação aos empregados para prevenção de acidentes. 14. Acidentes (com ou sem afastamento) são analisados e são tomadas medidas para evitar repetições. 15. Abertura de CAT (Comunicação de Acidente de Trabalho) em todos os acidentes de trabalho ocorridos na empresa. 16. Assistência do SESMET estendida a todos os prestadores de serviço. 17. Empresa exige de prestadores de serviço o cumprimento das Normas Regulamentadoras. 18. SESMET chefiado por profissional qualificado. 19. Realização de atividades de conscientização, educação e orientação aos empregados sobrea prevenção, acidentes de trabalho e de doenças ocupacionais. 20. SESMET esclarece e conscientiza os dirigentes da empresa sobre a prevenção de acidentes e doenças ocupacionais. 21. Análise e registro mensal de todos os acidentes de trabalho, doenças ocupacionais e presença de agentes de insalubridade/periculosidade. 22. Proibição de desviar de função os profissionais que trabalham na área de segurança e saúde. 23. Guarda e preservação dos mapas anuais do SESMET, por um período mínimo de cinco anos. 24. SESMET especifica os turnos de trabalho de cada estabelecimento, bem como o horário detrabalho dos profissionais que trabalham nesse órgão. **NR-5 (Comissão Interna de Prevenção de Acidentes - CIPA)** 25. CIPA (Comissão interna de prevenção de acidentes) dimensionada de acordo com o quadro mínimo previsto na NR-5. 26. A composição da CIPA obedece a critérios de representatividade para todos os setores/áreas da empresa? 27. A recondução de membros cipeiros (eleitos e indicados) não excede dois anos. 28. Livro de Ata de eleição, posse e reunião obedece a critérios de registro na DRT (delegacia regional do trabalho). 29. Folhas de votação da CIPA guardadas por um período mínimo de três anos. 30. Livro de Ata da CIPA atualizado regularmente. 31. CIPA dimensionada de acordo com o quadro mínimo previsto na NR-5. 32. A composição da CIPA obedece a critérios de representatividade para todos os setores/áreasda empresa?	

PONTOS DE CONTROLE (Indicadores)	(*)
33. A recondução de membros cipeiros (eleitos e indicados) não excede dois anos. 34. Livro de Ata de eleição, posse e reunião obedece a critérios de registro na DRT. 35. Folhas de votação da CIPA guardadas por um período mínimo de três anos. 36. Empresa prestigia, incentiva, colabora e facilita os trabalhos dos Cipeiros. 37. Garantia de emprego, durante o processo eleitoral, para todos os candidatos inscritos até a eleição.	
(*) PA = Práticas Adequadas PPA = Práticas Parcialmente Adequadas PI = Práticas Inadequadas ou Inexistentes NA = Não se Aplica ao item analisado	
COMENTÁRIOS: Use o verso da página.	

INSTRUMENTO DE VERIFICAÇÃO (*CHECKLIST*)

SUBSISTEMA 4: DESENVOLVIMENTO DOS RECURSOS HUMANOS

SUMÁRIO: Compreende uma variedade de atividades, rotinas, procedimentos e processos relacionados ao investimento na capacitação, especialização e expansão do conhecimento, habilidades e competências (pessoais, grupais, profissionais e gerenciais) dos colaboradores da organização. Abrange, normalmente, a DNT, educação empresarial/corporativa, multiplicação de conhecimentos, treinamento e desenvolvimento (pessoal, profissional e gerencial), desenvolvimento de habilidades e competências, gestão de desempenho, educação a distância (Universidade Corporativa, elaboração de relatórios sobre eventos de T&D, manunteção e controle de salas e matérias instrucionais, negociação com Consultoria, Consultores, Instrutores, emissão e controle de Diplomas, Certificados e outros tipos de reconhecimento.

REFERÊNCIAS BÁSICAS: Normas, rotinas, procedimentos e políticas sobre T&D, Manuais de Treinamento, Catálogos de conteúdo de cursos, Cadastro de treinandos e ex-treinandos, levantamentos de necessidades de treinamento.

PONTOS DE CONTROLE (Indicadores)	(*)
TREINAMENTO E DESENVOLVIMENTO (T & D) 1. Existência de políticas/normas de treinamento e desenvolvimento de pessoas. 2. Programas de T&D alinhados ao planejamento estratégico da empresa. 3. Participação de treinandos na avaliação dos programas. 4. Utilização da avaliação de reação (ao final do programa). 5. Utilização da avaliação após três meses do programa (avaliação de "volta ao trabalho"). 6. Adequação do programa de integração/socialização do novo empregado. 7. Eficiência do treinamento/ensino a distância. 8. Controle/cadastro de todos os participantes de programas de T&D. 9. Adequação e atualização do cadastro de instrutores/palestrantes (internos e externos). 10. Existência de material informativo institucional (filme, audiovisual, multimídia, livretos, folhetos, revistas, fotos etc.) sobre a empresa e seus recursos humanos. 11. Programa de formação, atualização e reciclagem de instrutores internos. 12. Observância dos requisitos/perfis de acordo com a função e nível dos participantes dos eventos. 13. Inexistência de programas com baixo número de frequência de participantes. 14. Inexistência de programas cancelados por não terem atingido o quórum mínimo de participantes. 15. Controle rígido de horário de início e término de cada programa. 16. Eficiência do controle de atrasos, faltas e desistências aos eventos. 17. Baixa desistência de participantes (entre início e término) nos eventos de T&D. 18. Adequação e regularidade das pesquisas de clima organizacional/motivacional. 19. Guarda de material instrucional (apostila, provas, testes) em lugar reservado. 20. Facilidade de acesso dos participantes ao material instrucional e locais dos eventos 21. Inventário/arquivo atualizado de todos os eventos de T&D ocorridos na empresa. 22. Funcionamento/eficácia da Universidade Corporativa. 23. Controle de verbas/dotações/investimentos alocados em T&D.	
(*) PA = Práticas Adequadas PPA = Práticas Parcialmente Adequadas PI = Práticas Inadequadas ou Inexistentes NA = Não se Aplica ao item analisado	
COMENTÁRIOS: Use o verso da página.	

INSTRUMENTO DE VERIFICAÇÃO (*CHECKLIST*)

SUBSISTEMA 5: MONITORAMENTO DOS RECURSOS HUMANOS

SUMÁRIO: Compreende uma variedade de atividades, rotinas, procedimentos e processos relacionados ao acompanhamento/controle das atividades, integração e articulação entre áreas de trabalho, conhecimento de resultados (positivos e negativos) e identificação de pontos fortes e fracos, com o objetivo de adotar ações corretivas e preventivas que promovam a obtenção de vantagens competitivas.

REFERÊNCIAS BÁSICAS: Consolidação das Leis do Trabalho (CLT), Normas Regulamentadoras (NRs), Normas Técnicas da ABNT, Convenção da OIT (Organização Internacional do Trabalho), Acordo/Convenção do Trabalho, Normas, Portarias, Decretos, Leis e outros documentos legais que regulam as relações trabalhistas e previdenciárias.

PONTOS DE CONTROLE (Indicadores)	(*)
MONITORAMENTO DE RECURSOS HUMANOS 1. Rotina de *feedback* constante entre chefia e subordinados (elogios, críticas, resultados, metas, aconselhamento, orientação, cuidados etc.). 2. Controle de metas de desempenho individual e/ou grupal. 3. Realização periódica de procedimentos de auditoria e consultoria interna nos diversos subsistemas de RH. 4. Execução de programas ligados à responsabilidade social. 5. Atualização constante do banco de dados/informações dos empregados (efetivo de pessoal, benefícios, movimentação de pessoal, remuneração, treinamento, ausências etc.). 6. Eficácia e agilidade de várias informações internas sobre normas e procedimentos de trabalho (circulares, planos, relatórios, avisos, *house organ*, manuais etc.). 7. Existência de vários canais de comunicação (intranet, circulares, planos, *house organ*, quadros de aviso, WhatsApp) com o público interno da empresa. 8. Empresa informa e divulga continuamente sua visão, missão e valores aos empregados. 9. Divulgação permanente de suas atividades institucionais (novas lojas, produtos e mercados,lançamentos, prêmios recebidos, resultados da empresa etc.). 10. Divulgação clara e ampla para todos os empregados de seus objetivos, metas, desafios, bem como resultados obtidos pela empresa (lucro, prejuízo, dificuldades etc.). 11. Reuniões/encontros frequentes de supervisores/gerentes com sua equipe para estimulaçãoe divulgação de informações e dados corporativos.	

12. Dados e informações divulgados têm caráter de atualidade (não estão defasados). 13. Existência de atividade/serviço de atendimento a empregados (SAE) para receber sugestões, tirar dúvidas e/ou fazer reclamações/elogios. 14. Avaliação do grau de satisfação dos clientes da função de RH. 15. Verificação da variação de absenteísmo e *turnover*. 16. Funcionamento/adequação ou utilidade da entrevista de saída.	
(*) PA = Práticas Adequadas PPA = Práticas Parcialmente Adequadas PI = Práticas Inadequadas ou Inexistentes NA = Não se Aplica ao item analisado	
COMENTÁRIOS: Use o verso da página.	

19. Bibliografia

ABBAD, Gardênia da Slva et al. ***Medidas de Avaliação de Treinamento, Desenvolvimento e Educação – Ferramentas para Gestão de Pessoas.*** S. Paulo (SP): Editora Artmed, 2017.

ABREU, Romeu Carlos Lopes de. ***Círculos de Controle da Qualidade.*** Rio de janeiro: Qualitymark Editora, 1987.

AGE (Auditoria Geral do Estado do Rio). ***Legislação, Normas e Procedimentos de Auditoria.*** Dispo nível em: http://www.financas.rj.gov.br/instituicao. Acesso em: 22/7/2007.

AIDAR, Marcelo Marinho. ***Qualidade Humana.*** São Paulo (SP): Editora Maltese, 1998 .

ALBRECHT, Karl. ***Revolução nos Serviços.*** São Paulo (SP): Pioneira Editora, 1996.

ALLES, Martha Alícia. ***Desempeño por Competencias Evaluación de 360º.*** Buenos Aires: Ediciones Granita, 2013.

ALMEIDA, Marcelo Cavalcante. ***Auditoria - Um Curso Moderno e Completo.*** São Paulo (SP): Editora Atlas, 2007.

____***Auditoria da Qualidade.*** São Paulo (SP): Editora Atlas, 1994.

____***Auditoria - Abordagem Moderna e Completa.*** S.Paulo (SP): Editora Atlas, 2015.

ALMEIDA, Fernando Neves de. ***Comportamentos de Sucesso.*** Rio de Janeiro (RJ): Qualitymark Edi tora, 1992.

ALMEIDA, José Joaquim Marques de. ***A Auditoria Legal na União Europeia.*** Disponível em: www.eac. fea.usp.br. Acesso em: 25.6.2003.

ALMEIDA, Maria Gorette. ***Embasamento Conceitual de Auditoria Interna e Suporte Tecnológico.*** São Paulo (SP): Editora atlas, 1999.

ALONSO, Rita. ***Fato e Inferência.*** Disponível em: http://toquedemotivacao.com.br/fatp-e-inferencia. Acesso em: 4/6/2006.

ANGELONI, Maria Terezinha. ***Organização do Conhecimento.*** São Paulo (SP): Editora Saraiva, 2002.

APAZA, Luis Affonso Cema (tradutor). ***Norma Internacional de Auditoria, Fraude y Error.*** Disponível em: http://www.monografias.com.trabajos11/fraer. Acesso em: 23/7/2005.

ARAÚJO, Luís César G. de. ***Organização, Sistemas e Métodos e as Tecnologias de Gestão Organizacional.*** São Paulo (SP): Editora Atlas, 2006.

ARENAS, Pablo. ***Informes de Auditoria.*** Disponível em: http:/www.cibercobnta. unizar. es/ leccion/ auditoria. Acesso em: 23/7/2005.

ARIMA, Carlos Hideo. ***Estudo de um Modelo Metodológico de Auditoria e Sistemas Computadorizados e da sua Automatização.*** Tese de Doutorado na USP (SP), 1990. Disponível em: www.periodicos.capes.gov.br. Acesso em: 15/9/2003

ARTER, Denis. ***Auditoria: Superando Seu Compromisso.*** São Paulo (SP): Editora Banas Qualidade, 2001.

ASSIS, Marcelino Tadeu. ***Remuneração – Integrando Sistemáticas de Reconhecimento & Recompensa.*** Rio: Editora Papel Virtual, 2002.

____***Indicadores de Gestão de Recursos Humanos.*** Rio de Janeiro (RJ): Qualitymark Editora, 2005.

____ ***Gestão de Programas de Remuneração – Conceitos, Aplicações e Reflexões.*** Rio de Janeiro: Qualitymark Editora, 2004.

ATTIE, William. ***Auditoria: Conceito e Aplicações.*** São Paulo (SP): Editora Atlas, 2011.

____ ***Auditoria Interna.*** São Paulo (SP). Editora Atlas, 2007.

AUDITORIA GERAL DE MATO GROSSO. ***Manual de Auditoria da AGE.MT.*** Disponível em: http://www.auditoria.mt.gov.br/html. Acesso em: 22/7/2007.

BAEZ, Victor Eduardo et al. ***ISO Série 9000 - Autoavaliação.*** Rio de Janeiro (RJ): Qualitymark Editora, 1994.

BANDEIRA, Anselmo Alves. ***Indicadores de Desempenho.*** Rio de Janeiro (RJ): Qualitymark Editora, 2009.

BANOV, Márcia Regina. ***Recrutamento, Seleção e Competências.*** São Paulo (SP): Editora Atlas, 2017.

BARÇANTE, Luiz César e CASTRO, Guilherme Caldas de. ***Ouvindo a Voz do Cliente Interno.*** Rio de Janeiro (RJ): Qualitymark Editora, 1999.

BAYNA, Fátima (org). ***Educação Corporativa: Desenvolvendo e Gerenciando Competências.*** SãoPaulo (SP): Editora Pioneira, 2004.

BECKER, Brian at al. ***The HR Scorecard: Linking People, Strategy and Perfomance.*** Boston (USA): Harvard Business School Press, 2001.

BERGAMINI, Cecília Whitaker. ***Motivação.*** São Paulo (SP): Editora Atlas, 1990.

____ ***Desenvolvimento de Recursos Humanos: Uma Estratégia de Desenvolvimento Organizacional.*** São Paulo (SP): Editora Atlas, 1990.

BERGAMINI Cecília e BERALDO, Deobel Garcia R. ***Avaliação de Desempenho Humano na Empresa.*** São Paulo (SP): Editora Atlas, 1988.

BLOG IAPMEI. ***Avaliação de Gestão e Capacidade.*** Disponível em: www.iapmei.pt/ products. Acesso em: 20/9/2017.

BLOG Monografias.com. ***Credibilidad y Confianza em Los Auditores.*** Disponível em: http://www. monografias.com/trabajos12/articali. Acesso em: 21/10/2005.

____ ***Um Estudo de Evidência em Auditoria.*** Disponível em: http:/www.monografias. com/trabajos6/evare. Acesso em: 21/7/2005.

BLOG Redem&Box. ***Diagnóstico do Sistema de Recursos Humanos: Uma Abordagem Humanista ou Abordagem Técnica?*** Disponível em: htttp://www.redem&ox.com. br/index.php. Acesso em: 13/4/2004.

BOOG, Gustavo Guneberg. ***Manual de Treinamento e Desenvolvimento.*** São Paulo (SP): Makron Books, 1995.

____ ***Desenvolvimento de Recursos Humanos: Investimento com Retorno?*** São Pau lo (SP): Mc Graw Hill, 1980.

____ ***Manual de Gestão de Pessoas e Equipes, Estratégias e Tendências.*** São Paulo (SP): Editora Gente, 2001.

BOHLANDER, George W; SHELL, Scott e SHERMAN, Arthur. ***Administracion de Recursos Huma nos.*** Buenos aires: Thomson Learning Editora, 2001.

BOSCO, Luis Gustavo de Carvalho. ***Auditoria de Controle Operacional (2003).*** Disponível em: www. notitia.truenet.colm.br/desafio. Acesso em: 21/6/2003.

BRANDÃO, Hugo Pena. ***Mapeamento de Competências.*** São Paulo (SP): Editoria Atlas, 2012.

BRASSARD, Miche. ***Memory Jogger – Fundamentos para uma Melhoria Contínua.*** Rio de Janeiro (RJ): Qualitymark Editora, 1995.

BOYNTON, William C. et al. ***Auditoria.*** São Paulo (SP): Editora Atlas, 2003.

BUSSE, Ângela e MANZOKI, Simon. ***Auditoria de Recursos Humanos.*** São Paulo (SP): Editora Intersaberes, 2011.

CALLEJAS, Jose Maria Melgar. ***Auditoria Administrativa: Una Necessidad Permanente de La Empresa Moderna.*** Disponível em: http://www.ilustrados.com/publicaciones.com/publicaciones. Acesso em: 22/7/2007.

CAMISASSA, Maria Queiroga. ***Segurança e Saúde no Trabalho.*** (NR 1 a 36). São Paulo (SP): Editora Métodos, 2016.

CAMPOS, Josué Castro. ***Os 5 Porquês como Ferramenta para Solucionar Problemas de Qualidade.*** Disponível em: http://pt;linkedin.com.br/pulse/os-5-porques-como--ferramenta-para-solucionar-problemas-de-qualidade. Acesso em: 13/5/2018.

CAMPOS, Vicente Falconi. ***TQC - Controle da Qualidade Total (no Estilo Japonês).*** Belo Horizonte (MG): Editora Fundação Christiano Otoni, 2014.

____ ***Gerenciamento da Rotina de Trabalho do Dia a Dia.*** Belo Horizonte (MG): Editora Fundação Cristiano Otoni, 2002.

CARNICER, José Maria. ***Auditoria de Recursos Humanos.*** Disponível em: http://www. aulaempresarial. com.br/auladigital007/auditoriarh.html. Acesso em: 4/7/2004.

CARVALHO, Ieda Maria Venione et al. ***Recrutamento e Seleção por Competências.*** Rio de Janeiro (RJ): Editora FGV, 2008.

CASE, Thomas A. e BOTELHO, Joaquim Maria. ***Gerenciamento de Carreira do Executivo Brasileiro: Uma Ciência Exata.*** São Paulo (SP): Catho Editora, 2008.

CARVALHO, Antônio Vieira de e NASCIMENTO, Luiz Paulo do. ***Administração de Recursos Humanos – Vol. I.*** São Paulo (SP): Pioneira Editora, 1999.

____ ***Funções Básicas do Sistema de RH: Atrair, Escolher e Preparar.*** Rio de Janeiro (RJ): Qualitymark Editora, 2007.

____ **Gestão Estratégica de Pessoas.** Rio de Janeiro (RJ): Qualitymark Editora, 2007.

____ ***Treinamentos: Princípios, Métodos e Técnicas.*** São Paulo (SP): Editora Pioneira, 2001.

____ ***Treinamento de Recursos Humanos.*** São Paulo (SP): Editora Pioneira, 1988.

CELINSK, Leszek. ***Recursos Humanos: Roteiros e Instrumentos.*** Rio de Janeiro: Editora Vozes, 1995.

CERQUEIRA, Jorge Pedreira de. ***ISO 9000 no Ambiente da Qualidade Total.*** Rio de Janeiro (RJ): Ima gem Editora, 2001.

____ et al ***Manual de Auditoria de Sistemas.*** São Paulo (SP): Editora Moderna, 1991.

CERQUEIRA, Jorge Pedreira de e MARTINS, Márcia Capello. ***Auditorias de Sistemas de Gestão.*** Rio de Janeiro (RJ): Qualitymark, 2004.

CHIAVENATTO, ILDALBERTO. ***Gerenciando Pessoas.*** Rio de Janeiro (RJ): Editora Elsevier, 2010.

____ ***Desempenho Humanos nas Empresa: Como Desenhar Cargos e Avaliar o Desempenho.*** São Paulo (SP): Editora Manole, 2009.

____ ***Planejamento, Recrutamento e Seleção de Pessoas.*** São Paulo (SP): Editora Ma nole, 2017.

____ ***Recursos Humanos: Edição Compacta.*** São Paulo (SP): Makron Bookes, 2000.

____***Recursos Humanos – O Capital Humano das Organizações.*** Rio de Janeiro (RJ): Elswevier Editora, 2009.

____ ***Remuneração, Benefícios e Relações de Trabalho.*** São Paulo (SP): Manole Editora, 2009.

CFC (Conselho Federal de Contabilidade). NBC-TA-500. ***Evidência de Auditoria.*** Brasília (DF): CFC. DOU 3/12/2009.

____***Normas Profissionais do Auditor Interno.*** Portaria n.º 781 de 24/3. Brasília (DF): 1995.

____ NBC-T11-1 **Interpretação Técnica - Papéis de Trabalho e Documentação de Au ditoria.** Brasília (DF): 2009.

CHONH, Marcelo Chaim e CHONH, Thiago. ***Relações Sindicais e Negociações Trabalhistas.*** São Paulo (SP): Editora Forense, 2016.

CHOWDHURY, Subir . ***O Sabor da Qualidade – Uma História sobre Como Criar Cultura de Excelência nas Empresas.*** Rio de Janeiro (RJ): GMT Editores, 2006.

COFIC (Comitê de Fomento Industrial de Camaçari).***Guia de Auditoria de Segurança, Higiene Indus trial, Meio Ambiente e Saúde Ocupacional.*** Publicação do Comitê. Salvador: 2012.

CONNEL, John H. Mc. ***Auditing your Human Resources Department.*** New York (USA): American Management Association, 2001.

CONSELHO DE CONTABILIDADE DO ESTADO DE SÃO PAULO. ***Curso Básico de Auditoria.*** São Paulo (SP): Editora Atlas, 1990.

CONSELHO FEDERAL DE CONTABILIDADE. ***Evidência em Auditoria.*** NBR- TA 500 (r1.) DOU. Brasília (DF): 5/9/2016.

_____ ***Normas Profissionais do Auditor Interno.*** Portaria n.º 781 de 24/3/1995. Brasília (DF).

COOK, John W. e WINKLE, Gary M. ***Auditoria: Filosofia e Técnica.*** São Paulo (SP): Editora Saraiva, 1992.

COOPERS & Lybrand. ***Remuneração por Habilidades e por Competências.*** São Paulo (SP): Editora Atlas, 1997.

COUTO, Thadeu do. ***Auditoria de Recursos Humanos. Apostila do Curso de Gestão de Recursos Hu manos (UESA).*** Rio de Janeiro (RJ): 2005.

_____ ***Auditoria de Recursos Humanos Baseada no Prêmio Nacional da Qua lidade.*** Dissertação de mestrado. UFF. Niterói: 2000.

CRUZ, Flávia da. ***Auditoria Governamental.*** São Paulo (SP): Editora Atlas, 1998.

CROSBY, Philip B. ***Qualidade é Investimento.*** Rio de Janeiro (RJ): José Olympio Editora, 1995.

DALTON, Luiz. ***Auditoria Interna (2002).*** Disponível em: www.auditoriainterna.hpg.com.br. Acesso em: 25/5/2005.

DEMING, William Edward. ***Qualidade: A Revolução na Administração.*** Rio de Janeiro (RJ): Editora Marques Saraiva, 1990.

DESSLER Gary. ***Administração de Recursos Humanos.*** São Paulo (SP): Prentice Hall Editores, 2003.

DIAS, Arisa dos Santos. ***Sem Medo: Que Venha a Auditoria de Recursos Humanos.*** Disponível em: www.

auditoria interna.com.br/cap_intel.html. Acesso em: 20/3/2005.

DIAS, C. Rogério. ***Auditoria y Control de Recursos Humanos* (apostila).** Universidad de Chile - Departamento de Psicologia. Santiago: 2004.

DIAS, Reinaldo. ***Gestão Ambiental.*** São Paulo (SP): Editora Atlas, 2011.

DINIS FILHO, A. D. e OLIVEIRA, L. M. ***Curso Básico de Auditoria.*** São Paulo (SP): Editora Atlas, 2001.

DRUCKER, Peter F. ***Administrando em Tempo de Grandes Mudanças.*** São Paulo (SP): Editora Pioneira, 1999.

DUBLINSKY, Alan e SKINNER, Steven J. ***Recrutando e Retendo os Melhores Funcionários.*** São Paulo (SP): Editora Saraiva, 2017.

DUTRA, Joel de Souza. ***Competências: Conceitos e Instrumentos para a Gestão de Pessoas na Empresa Moderna.*** São Paulo (SP): Editora Atlas, 2004.

_____ ***Administração de Carreiras na Empresa Contemporânea.*** São Paulo (SP): Editora Atlas, 2010.

DUVERGE, Claribel Arias. ***Audioria: Registro y Control de Personal.*** Disponível em: www.gestiopolis.com/recursos2, 2005.

ECHEGUKEN, Augusto. ***Enfoque Motivacional de La Auditoria de Recursos Humanos.*** Boletin de la Comission de Normas Profissionales del Instituto de Auditores Internos de Argentina, n.º 16. Buenos Aires (AR): Ago/2004. Disponível em: :http://www.ilustrados.com/publicaciones. Acesso em 12/10/2004.

EBOLI, Marisa. ***Educação Corporativa no Brasil.*** São Paulo (SP): Editora Gente, 2004.

FAISSAL, Reinaldo et al. ***Atração e Seleção de Pessoas.*** Rio de Janeiro (RJ): Editora da. FGV, 2005 .

FERNANDES, Eda. ***Qualidade de Vida no Trabalho – Como Medir para Melhorar.***

FLAHERTY, James. ***Coaching – Desenvolvendo Excelência Pessoal e Profissional.*** Rio de Janeiro (RJ): Qualitymark Editora, 2011.

FLIPPO, Edwin B. ***Princípios de Administração de Pessoal. Vol. I e II.*** São Paulo (SP): Editora Atlas, 1985 .

FLORENTINO, Américo Matheus. ***Auditoria Contábil.*** Rio de Janeiro (RJ): Editora FGV, 1995.

FPNQ _ FUNDAÇÃO PARA O PRÊMIO NACIONAL DA QUALIDADE. ***Critérios de Excelência.*** Rio de Janeiro (RJ): 2017.

FRANCISCO Filho, Egídio. ***Estudo de Casos para Seleção e Treinamento de Stakeholders.*** Rio de Janeiro (RJ): Qyalitymark Editora, 2006.

FREEMANTLE, David. ***Incrível Atendimento ao Cliente.*** São Paulo (SP): Makron Books, 1995.

FUNDIP (Fundacion para el resarollo de la function de recursos humanos). ***Quadro de Mando y Indi cadores para La Gestion de Personas.*** Disponível em: www.fundipe.es/archives. Acesso em: 2/3/2019.

GARVIN, David. ***Gerenciando a Qualidade: a Gestão Estratégica e Competitiva.*** Rio de Janeiro (RJ): Qualitymark Editora, 2002.

GAUDIOSO, Gino. ***Curso de Auditorias da Qualidade.*** Apostila do SENAI-RJ. Rio de Janeiro (RJ): 1995.

GIL, Antonio de Loureiro. ***Auditoria Operacional e de Gestão - Qualidade da Auditoria.*** São Paulo (SP): Editora Atlas, 2000.

GIMENEZ, Yolanda. ***Auditoria.*** Disponível em: http://www.monografias.com/trabajos14/auditoria. Acesso em: 22/7/2005.

GODOY Arilda Schimit et al. ***Gestão do Fator Humano – Uma Visão Baseada em Stakeholders.*** São Paulo (SP): Editora Saraiva, 2008.

GOLDSMITH, Marshall e CARTIER, Louis. ***Gestão de Talentos.*** Rio de Janeiro (RJ): Qualitymark Editora, 2011.

GOMES, Luciano. ***5W 2H: Ferramentas para Elaboração do Plano de Ação.*** Disponível em: http:// log.iprocess.com.br2014/5w2h-ferramentas-para-elaboracao-de-planos--de-acao. Acesso em: 18/6/2018.

GREEN, Paulo C. ***Desenvolvendo Competências Consistentes.*** Rio de Janeiro (RJ): Qualitymark Editora, 2000.

GRIGOLETTI, Áurea. ***Seleção de Pessoas.*** Rio de Janeiro (RJ): Qualitymark Editora, 2016.

HAMAR, Mark. ***Cinco Principais Etapas da Auditoria Interna da ISO 9001.*** Disponível em: https:/ / advisera.com/9001academypt.br/knowledge. Acesso em: 5/6/2017.

HANASHIRO, D. M. ***Gestão do Fator Humano.*** São Paulo (SP): Editora Saraiva, 2008.

HOLLENBECK, John R. e WAGNER III, John A. ***Comportamento Organizacional.*** São Paulo (SP): : : Editora Saraiva, 2000.

HONDA, Auro Key e VIVEIRO, Carlos Tadeu. ***Qualidade e Excelência através da Metodologia Kaizen.*** São Paulo (SP): Editora Ética, 1999.

Hoog, Nílson Alberto Zappa. ***Diferença entre Auditoria e Perícia Contábil.*** Disponível em: www. Crcpr.org.br/revista/133/diferença.htm. Acesso em: 20/4/2005.

HOWARD, Robert e HAAS, Robert D. ***Aprendizado Organizacional – Gestão de Pessoas para a Inovação Contínua.*** Rio de Janeiro (RJ): Editora Campus, 2000.

IBCO (Instituto Brasileiro de Consultores de Organização). ***Código de Ética (do Consultor).*** Disponí vel em: http://www.ibco.org.br/codigo. Acesso em: 5/3/2007.

IGREJAS FILHO, Luis. ***Seminário Nacional de Segurança e Saúde no Setor Elétrico Brasileiro.*** Rio de Janeiro (RJ): Eletrobras, 2000.

IIA (Institute of Internal Auditors. ***Normas Internacionais para o Exercício Profissional da Auditoria Interna.*** São Paulo (SP): Audibra, 2004. (tradução de José Juarez de Paula Freire)

IIDA, Itiro. ***Manual de Engenharia de Produção Vol. 5 (Coleção Maynard) - Administração Salarial.***

São Paulo (SP): Editora Edgard Blucher, 1980.

ISHIKAWA, Kaoru. ***Controle de Qualidade à Maneira Japonesa.*** São Paulo (SP): Editora Campos, 1993.

JUCIUS, Michael. ***Administração de Pessoal.*** São Paulo (SP): Editora Saraiva, 1989.

JULIO, João Paulo Santos. ***Auditoria de Gestão de Recursos Humanos.*** Universidade de Aveiro. Portu gal: 1996. (trabalho de final de curso)

JURAN, S.M. ***Juran na Liderança pela Qualidade - Um Guia para Executivos.*** São Paulo (SP): Edi tora Pioneira, 1990.

KARLZON, Jan. ***Momentos da Verdade.*** Rio de Janeiro: COP Editora, 1985.

LAMBERT, Tom. ***Ferramentas da Administração: 50 Técnicas para Resolver Problemas Diários na Empresa.*** São Paulo (SP): Editora Saraiva, 1996.

LAWRENCE, Charles. ***Métodos de Auditoria.*** Brasília (DF): Editora Brasiliense, 1995.

LIBERATO, Rafael. ***Plano de Ação 5W2H: Uma Ferramenta Fundamental no Dia a Dia do Gestor.***

Disponível em: http://ketti.com.br/plano-de-acao--5w2h. Acesso em: 18/5/2018.

LIMA, D.V. e GONÇALVES R. ***Fundamentos de Auditoria Governamental e Empresarial.*** São Paulo (SP): Editora Atlas, 2003.

LIMA, Gílson Brito Alves. ***Avaliação de uma Organização Baseada nas Normas de Gestão de Segurança e Saúde Ocupacional.*** Apostila da cadeira de Segurança no Trabalho do curso de Mestrado da UFF. Niterói (RJ): 2001.

LISBOA, Ibraim. ***Fraudes Corporativas – Como Prevenir Perdas por Fraldes e Desfalques na Em presa (Apostila).*** São Paulo (SP): Mission desenvolvimento Profissional, 2003.

LOBOS, Júlio. ***Qualidade através das Pessoas.*** São Paulo (SP): Edição do autor, 1993.

____ ***Encantando o Cliente (Externo e Interno).*** São Paulo: Edição do autor, 1991.

LUCENA, Maria Diva Salete de. ***Avaliação de Desempenho.*** São Paulo: Mc Graw Hill Editora, 1999 .

LUZ, Ricardo Silveira da. ***Gestão de Pessoas.*** Rio de Janeiro (RJ): Editora LTC, 2008.

____ ***Gestão de Benefícios - a Experiência Brasileira.*** Rio de Janeiro (RJ): Qualitymark Editora, 2011.

____***Gestão de Clima Organizacional.*** Rio de Janeiro (RJ): Qualitymark Editora, 2008.

MARISTNY, Jaime. ***Administración de Recursos Humanos.*** Buenos Aires (AR): Prenticel Hill, 2000.

MARRAS, Jean Pierre. ***Administração de RH: do Operacional ao Estratégico.*** São Paulo (SP): Edi tora Futura, 2001.

____ ***Administração da Remuneração: Remuneração Tradicional e Estratégica.*** São Paulo (SP): Pioneira Editora, 2002.

MARTINELLI, Auditores Independentes. ***Manual de Auditoria Interna (2002).*** Disponível em: www.unicamp.br. Acesso em: 2/9/2003.

MASI, Domenico de. ***O Futuro do Trabalho.*** Rio de Janeiro (RJ): Editora José Olímpio, 1999.

MELLO, Agostinho de Oliveira. ***O Que é Auditoria Interna.*** Disponível em: www. auditoriainterna. com.br/conceitos.htm. Acesso em: 2/9/2003.

NENCHISE, Eduardo. ***Auditoria Comportamental.*** São Paulo (SP): Editora Viseu, 2017.

MICHEL, Emma Stubs. ***Planificacion y Documentacion de La Auditoria.*** Disponível em: http://www.monografias.com/trabahjos7/pda. Acesso em: 23/7/2005.

MILET, Evandro Barreira. ***Qualidade em Serviços.*** Brasília (DF): IBICT, 1995.

MILLS, Charles A. ***Auditoria da Qualidade.*** São Paulo (SP): Editora Makron Books, 1994.

MILKOVICH, George T. Eboudreau, John W. ***Administração de Recursos Humanos.*** São Paulo (SP): Editora Atlas, 1000.

MENEZES, Pedro et al. ***Manual de Treinamento Organizacional.*** Rio de Janeiro (RJ): Editora Grupo A Educação, 2015.

MESQUITA, Breno Gomes da Silva. ***Auditoria Interna de Recursos Humanos e Perspectivas de Atu ação.*** Brasília (DF): Editora do Senado Federal, 2013.

MOLLER, Claus. ***O Lado Humano da Qualidade.*** São Paulo (SP): Editora Pioneira, 1994.

MORAES. Georgina e MARTINS, Isabel. ***Auditoria Interna - Função e Processo.*** Lisboa (PT): Editora Areas, 2000.

MORET, Paulo A. ***ISO 9000 ... e Depois ?*** Rio de Janeiro (RJ): Imagem Editorial, 1996.

NASCIMENTO, Luiz Paulo do. **Administração de Cargos e Salários.** São Paulo (SP): Thomson Le arning Editora, 2001.

NATIONAL QUALITY INSTITUTE CANADIAN – ***Framework for Business Excellence Strategic Quality.*** Aproach Disponível em: http:// www.nqi.ca: Acesso em: 15/5/2003.

NBC T-11-IT-07. ***Planejamento da Auditoria.*** Disponível em: http://portaldecontabilidade.com.br/
nbc/t1107.htm.

NBR ISO 8402 – ***Gestão da Qualidade e Garantia da Qualidade – Terminologia.*** Rio de Janeiro: ABNT, 1993.

NBR ISO 9000/2000 – ***Sistemas de Gestão da Qualidade – Fundamentos e Vocabulário.*** Rio de Janeiro (RJ): ABNT, 2001.

NBR ISO 10011-1. ***Diretrizes para Auditoria de Sistemas da Qualidade. Partes I, II e III.*** Rio de Janeiro: ABNT, 1993.

NBR ISO -10015 . Gestão da Qualidade – Diretrizes para Treinamento. Rio de Janeiro (RJ): ABNT, 2001.

NETWORK, ***The Audit – The Portfolio of Human Resource Audicts*** – London (England): Cambridge Strategy Publications Limited, 2000.

NICHIOKA, Júlio. ***Sistema de Gestão.*** Niterói (RJ): Apostila da UFF/LATEC, 2001.

OCCUPATIONAL HEALT AND SAFETY ASSESSMENT – 18.001 ***(Sistema de Gestão de Segurança e Saúde Ocupacional)*** - OHSAS, 1801. Especificação: Rio de janeiro (RJ): 1999.

OHNO, Taiichi. ***O Sistema Toyotta de Produção – Além da Produção em Larga Escala.*** São Paulo (SP): Editora Bookmen, 1997.

____ ***Gestão de Postos de Trabalho.*** São Paulo (SP): Editora Bookman, 2015.

OLIVEIRA, Sidney Teylor. ***Ferramentas da Qualidade.*** São Paulo (SP): Editora Pioneira, 2005.

OLIVEIRA, Marco Aurélio. ***Pesquisas de Clima Interno nas Empresas.*** São Paulo (SP): Livraria Nobel, 1996.

ORLIKAS, F. ***Consultoria Interna de Recursos Humanos.*** São Paulo (SP): Makron Books Editora, 2012.

OSIKA, Cleber. ***Como Aplicar a Metodologia 5 Porquês para Encontrar a Causa-Raiz?*** Disponível em: htttp://www.8idea.com.br/com0-aplicr-a-metodologia-5-porques--para-encontrar-a-causa-raiz. Acesso em: 18/5//2018.

PACE, João Henrique. ***O Kamban na Prática.*** Rio de Janeiro (RJ): Qualitymark Editora, 2003.

PACHECO, Otávio. ***GUT e BASICO: Ferramentas para Atacar Problemas e Priorizar Soluções.*** Disponível em: https://Esager.com.br/author/otavio/Pacheco. Acesso em: 7/5/2018.

PAIVA, Glaúcia. ***Como Auditar um Programa de Qualidade.*** COAD (Rio): ano XI, n.º 14, 1998.

PANTALEÃO, Sérgio Ferreira. ***Sinopse das Principais Alterações Da Reforma Trabalhista.*** Disponível em: www.guiatrabalhista.com.br. Acesso em: 30/3/2018.

PASCHOAL, Luiz. ***Administração de Cargos e Salários.*** Rio de Janeiro (RJ): Qualitymark Editora, 2010.

____ ***Administração de Cargos e Salários. – Manual Prático e Novas Metodologias.*** Rio de Janeiro (RJ): Qualitymark Editora, 2001.

PAULA, Maria Goreth M. A. ***Auditoria Interna – Embasamento Conceitual e Suporte Tecnológico.*** São Paulo (SP): Editora Atlas, 2000.

PAULA, Galles B. de. ***Plano de Ação - O Passo a Passo da Ideia de Concretização de Seus Objetivos.*** Disponíel em: https://treasy.com.br/blog. Acesso em: 13/5/2018.

PEGINI JR, Adílson. ***Auditoria da Qualidade na Empresa.*** Monografia apresentada nas Faculdades Integradas Campos Salles (SP): 2000.

PENA, Domindo Nevado. ***Control de Gestión Social: La Auditoria de Los Recursos Humanos.*** Barcelona(ES): Editora de la Universidad de Castilla la Mancha, 2001.

PERIARD, Gustavo. ***Como Montar a Matriz GUT.*** Disponível em: http://sobreadministracao. com?matriz-gut-guia-. Acesso em: 25/5/2018 completo.

PICARELI, Afonso (Coopers & Lumbrand). ***Remuneração Estratégica - Uma Vantagem Competitiva.***

São Paulo (SP): Editora Atals, 1996.

PONCE, Agustin Reyes. ***Administración de Personal.*** México: Editorial Limusa Wiley, 1981.

PONTES, Benedito Rodrigues ***Administração de Cargos e Salários.*** Rio de Janeiro (RJ): LTM Editora, 1993.

PORTAL DA AUDITORIA. ***Fases de uma Auditoria.*** Disponível em: http://www. portaldaauditoria. com.br/sobre auditoria. Acesso em: 20/3/2017.

PORTAL DE CONTABILIDADE. ***Auditoria de Gestão, 2008,*** Disponível em: www. portaldecontabili dade.com.br. Acesso em:

POSSARIE, Roberto. ***Ferramentas da Qualidade.*** São Paulo (SP): Editora do SENAI, 2015.

PRÊMIO NACIONAL DA QUALIDADE. ***Critérios de Excelência 2017.*** São Paulo (SP): FNPQ Edi tora, 2017.

____ ***Primeiros Passos para a Excelência*** – São Paulo (SP): FNPQ Editora, 2017.

QUALIPRO. ***Método de Análise e Solução de Problemas -MASP.*** Contagem (MG): 2008.

QUEZADA, Jorge R. Melendez. ***Auditoria de Recursos Humanos.*** Disponível em: http://www.monografias.com/trabajos15/auditoria-rrhh. Acesso em: 28/6/2004.

RABAGLIO, Maria Odete. ***Seleção por Competências.*** Rio de Janeiro (RJ): Qualitymark Editora, 2001.

____ ***Ferramentas de Avaliação de Performance, com Foco em Competências.*** Rio de Janeiro (RJ): Qualitymark Editora, 2005.

RAMPPERSAD Huber. ***Balanced Scorecard Pessoal.*** Rio de Janeiro (RJ): Qualitymark Editora, 2006.

RAYMOND, A. Noe. ***Treinamento e Desenvolvimento de Pessoas.*** São Paulo (SP): Editora Mc Grow Hill, 2017.

REA, L.M. e PARKER R. ***A Metodologia de Pesquisa do Planejamento à Execução.*** São Paulo (SP): Editora Pioneira, 2000.

REBELO, Antônio Raimundo Coutinho. ***Auditoria da Qualidade.*** Rio de Janeiro: Qualitymark Editora, 1995.

REIS, Germano Glufke. ***Avaliação 360 Graus.*** São Paulo (SP): Editora Atlas, 2000.

RESENDE, Ênio. ***Cargos, Salários e Carreira – Novos Paradigmas.*** São Paulo (SP): Summus Editora, 1991.

_____ ***O Que Aprender e Desaprender de Remuneração.*** São Paulo (SP): Editora Summus, 1997.

_____***Mudar o Discurso em RH.*** São Paulo (SP): Summus Editora, 1985.

_____ ***Remuneração e Carreira Baseadas em Competências e Habilidades.*** Rio de Ja neiro (RJ): Qualitymark Editora, 1999.

RIBEIRO, Antônio de Lima. ***Gestão de Treinamento das Pessoas.*** São Paulo (SP): Editora Saraiva, 2017.

RODRIGUES, Moraes Vinícius. ***Processos de Melhorias nas Organizações.*** Rio de Janeiro (RJ): Qua litymark Editora, 1996.

RODRIGUES, Leandro. ***Reforma Trabalhista: O Que Muda para Quem Está Empregado?*** Disponível em: leandro.rodrigues@diariogaucho.com.br. Acesso em: 11/11/2017.

ROMERO, Maria da Glória Romero y. ***Auditoria de La Gestion de Recursos Humanos (Apostilas).*** Sevilha (ES): Universidad de Sevilha, 2004/5.

SÁ, Antônio Lopes de. ***Curso de Auditoria.*** São Paulo (SP): Editora Atlas, 1998.

_____ ***Auditoria Básica.*** Rio de Janeiro (RJ): Editora Tecnopint, 1981.

SALGADO, J.D. Garcia. ***Auditoria de Recursos Humanos.*** Ciudad Juarez (MEX): Instituto Tecnologi co de Celaya, 2002.

SANCHEZ-RUNDE, Carlos. ***La Medicion de Las Praticas de Recursos Humanos.*** Universidad de Navarra (ES): Revista Capital Hu mano n.° 134., 2000.

SANTIAGO, Isac ***Registro de Evidência de Auditoria.*** Disponível em: http://www.ilustrados.com.pu blicaciones/. Acesso em: ee/7/2005 .

SAZBO JR, Adalberto Mohar. ***Manual de Segurança, Higiene e Medicina do Trabalho.*** São Paulo (SP): Editora Rideel, 2013.

SEBRAE. ***Indicadores de Sucesso e Produtividade.*** Programa SEBRAE de Qualidade. Brasília (DF): Edição SEBRAE, 1995.

SECRETARIA DE ESTADO (RJ) - ***Prêmio Qualidade Rio – Manual de Instruções e Guia de Avaliação.*** Rio de Janeiro: 2003.

SERSON, José. ***Manual de Auditoria Trabalhista.*** São Paulo (SP): Editora Revista dos Tribunais, 1995.

SIGHT, Portuguesa Consultores de Gestão S.A. – ***Guia Prático de Implementação de um Sistema de Controle Interno.*** Aministração Pública, Lisboa: 2005.

SILVA, Aloísio Rodrigues da. ***Técnicas de Auditoria Analítica, Utilizadas pelas Empresas de Auditorias Independentes.*** Tese de Mestrado – FGV/RJ, 1990. Disponível em: www.periodicos.capes.gov.br. Acesso em: 15/9/2003.

SILVA, Marilene Luna da. ***Administração de Departamento de Pessoal.*** São Paulo (SP): Editora Saraiva, 2016.

SILVA, Mateus de Oliveira. ***Sistemas Modernos de Remuneração.*** Rio de Janeiro (RJ): Qualitymark Editora, 2005.

SILVA, Ana Maria e . ***Características dos Serviços de Auditoria Interna em Empresas Estatais – O Caso das Empresas do Estado do Ceará*** . Tese de Mestrado FGV/RJ, 1989. Disponível em: www.periodicos.capes.gov.br. Acesso em: 15/9/2003.

SILVEIRA, Cristiano Bertulucci. ***5 Porquês.*** Disponível em: https://citisystems.com.br/5-porques-causa-raiz. Acesso em: 13/5/2018.

STOFFEL Ignácio. ***Administração de Desempenho – Metodologia Gerencial de Excelência.*** Rio de Janeiro (RJ): Qualitymark Editora, 2000.

TAGS, Conultores. ***Matriz GUT.*** Disponível em: http://p1p.com.br/matriz-GUT--qualidade. Acesso em: 20/5/2018.

YODER, Dale. *Administração de Pessoal e Relações Industriais*: Editora Mestre Jou (SP), 1969.

ZAMBRANO, Edgar. ***Auditoria de Recursos Humanos. Coleción Ciencias Sociales.*** Mérida (Venezuela): Editora Universidad de Los Andes, 2002.

ZERILLI, Andrea . ***Valorizacion del Personal.*** Bilbao (Spaña): Ediciones Deusto, 1983.

ZIMPECK, Glen Beverly. ***Administração de Salários.*** São Paulo (SP): Editora Atlas, 2005.

Sobre o Autor (Thadeu do Couto)

Iniciou sua carreira na área de RH no ano de 1964, atuando com outro colega no setor de pessoal em uma agência do Banco do Brasil. Mais tarde, em 1966, ingressou na Petrobras, integrando e participando da equipe que desenvolveu e implantou o Plano de Cargos e Salários.

Permaneceu na empresa durante 26 anos, atuando em diversas áreas como profissional, gerente e coordenador: remuneração, manutenção do plano, estudos e pesquisas, gestão de desempenho, coordenação de clubes de empregados, programas participativos e motivacionais, redução e otimização de recursos, programas de desenvolvimento de gerentes e supervisores, programas de sensibilização da qualidade, indicadores de pessoal.

Paralelamente, atuou durante anos no Grupo de Informações e Pesquisas Salariais (GRUPISA-RIO), onde foi presidente por quatro anos, ocupou a Diretoria e Conselho da Associação Brasileira de Recursos Humanos (ABRH-RIO) e um dos pioneiros na criação da União Brasileira para a Qualidade (UBQ-RJ), ocupando mais tarde a Diretoria Executiva.

Foi instrutor do curso de remuneração do GRUPISA-Rio e, durante dez anos, atuou como professor do curso de Cargos e Salários da FGV/CADEMP.

Após aposentadoria, dedicou-se a palestras e consultoria na área de RH e Qualidade.

Em seguida, ingressou no magistério superior, atuando, durante 22 anos, como professor em diversas cadeiras de RH, bem como professor de Pós-Graduação no curso de Gestão da Qualidade da Universidade Estácio de Sá , Professor do curso de pós-graduação em Engenharia de Segurança (Faculdade Souza Marques), professor-visitante do curso de pós-graduação em Gestão da Qualidade (UNIGRANRIO). Foi ainda professor do curso de Desenvolvimento de Recursos Humanos de Oficiais da Academia da Força Aérea Brasileira.

Como Diretor Executivo da UBQ, realizou gratuitamente dezenas de palestras sobre Sensibilização da Qualidade em eventos e em diversas empresas localizadas no Rio de Janeiro.

Possui formação superior em Economia (UERJ), Administração de Empresas (UERJ) e Psicólogo (Faculdade Celso Lisboa), com especialização internacional em Gestão da Qualidade Total (AOTS - Japão) e Excelência em Gestão (Univesidade de Pádua – Itália); Pós-graduado em Docência Superior (UESA) e Mestrado em Sistemas Integrados em Gestão (UFF).

Participou de vários eventos internacionais nas áreas de RH e Qualidade: 50° Congresso Mundial da Qualidade (ASQC – Chicago), Congresso Europeu de RH (Portugal), IV *Workshopping* Brasil-Alemanha de Ciências Tecnológicas do Meio Abiente, Encontro Internacional de Metrologia (INMETRO), *Linking People Learning & Performance* (ASTD--ABRH), Qualidade como Suporte da Produtividade (AOTS), Estratégia para Implantação do TQM (Total Quality Management) – Visão Japonesa(AOTS).

Dados Técnicos:

• Formato:	16 x 23 cm
• Mancha:	12 x 19 cm
• Fonte texto:	Palatino Linotype BT
• Corpo:	11
• Entrelinha:	13
• Total de páginas:	176
• Lançamento:	2022